Anne-Laure Bondoux

AF202622

La vie comme elle vient

Vocabulaire
par
Dr. Veronika Schlüter

Ernst Klett Sprachen
Stuttgart

Anne-Laure Bondoux

La vie comme elle vient

Worterklärungen von
Dr. Veronika Schlüter, Darmstadt

1. Auflage   14 | 2025

Alle Drucke dieser Auflage sind unverändert und können im Unterricht
nebeneinander verwendet werden. Die letzten Zahlen bezeichnen
jeweils die Auflage und das Jahr des Druckes.
Das Werk und seine Teile sind urheberrechtlich geschützt. Jede Nutzung
in anderen als den gesetzlich zugelassenen Fällen bedarf der vorherigen
schriftlichen Einwilligung des Verlags.

Umschlaggestaltung: Sandra Vrabec
Umschlagfoto: corbis
Redaktion: Sylvie Cloeren
Druck: Digitaldruck Tebben GmbH, Biessenhofen

Printed in Germany
ISBN 978-3-12-592252-5

Table des matières

La vie comme elle vient (texte intégral et notes)

Chapitre 1

1 J'observe Patty qui mâche son chewing-gum. Sa bouche s'ouvre, se ferme, se déforme. Dans le silence de l'appartement, le bruit spongieux de sa mastication marque le temps qui passe, comme le tic-tac d'une horloge.

5 Elle est assise sur le canapé, une jambe sous les fesses, l'autre posée sur la table basse. Pour ne pas me déranger, elle a branché les écouteurs de la télé. Elle regarde une émission en attendant que son vernis à ongles sèche. Le flacon est posé sur la table, près de ses orteils repeints en bleu lagune. Patty ne met jamais

10 de rouge comme tout le monde. D'après elle, c'est trop tarte. De toute façon, Patty ne fait pratiquement rien comme tout le monde.

De là où je me trouve, je ne vois pas l'écran. À cette heure de l'après-midi, que peut-elle bien regarder ? Je guette sur son

15 visage un indice, une expression qui pourrait m'aider à deviner s'il s'agit d'une comédie hilarante ou d'un documentaire sur la dynastie Ming dans la Chine ancienne, mais le visage de Patty reste indéchiffrable. Les piercings qui pendent à ses oreilles tintent à chaque mouvement de sa mâchoire. Tic-tac, cling,

20 cling. Patty est une fascinante mécanique. À quoi pense-t-elle ? Pense-t-elle seulement à quoi que ce soit ?

Parfois je me demande si Patty n'a pas une atrophie du cerveau.

Je m'étire pour sortir de ma rêverie et je reprends mes révisions.

25 Sur la table de la cuisine, mes manuels et mes feuilles de classeur s'enchevêtrent. Fiche n° 21 : la Première Guerre mondiale, les forces en présence. À l'été 1914, 170 divisions alliées contre 150 divisions austro-allemandes.

Patty laisse éclater une bulle de chewing-gum.

30 En Allemagne, le Kaiser déclare à ses troupes : « Vous serez de retour avant la chute des feuilles. »

---

1 **mâcher** kauen – 3 **spongieux** *bruit* knautschig – 3 **la mastication** l'action de mâcher – 5 **les fesses** *fpl fam* Hintern – 6 **brancher** anschließen – 7 **les écouteurs** *mpl* Kopfhörer – 8 **le vernis à ongles** Nagellack – 9 **l'orteil** *m* Zeh – 10 **c'est trop tarte** *fam* c'est laid et ridicule – 14 **guetter** observer (spähen) – 16 **hilarant** qui fait rire – 19 **tinter** sonner – 19 **la mâchoire** Kiefer – 20 **Patty est une mécanique** elle fonctionne comme une horloge (wie ein tickendes Uhrwerk) – 22 **une atrophie** *med* Muskelschwund – 23 **le cerveau** Gehirn – 24 **les révisions** *fpl* l'action de réapprendre qc avant un examen – 26 **s'enchevêtrer** se mélanger dans le désordre – 28 **austro-allemand** deutsch-österreichisch – 29 **une bulle de chewing-gum** [ʃwiŋɡɔm] Kaugummiblase – 30 **le Kaiser** [kɛzɛːʀ] Wilhelm II. von Hohenzollern (Preußen), deutscher Kaiser von 1878 - 1918 – 31 **la chute** Fall

1 Patty laisse éclater une autre bulle. Je soupire. Devant mes yeux, les lignes de la fiche n° 21 dansent et se gondolent. « Avant la chute des feuilles », a dit le Kaiser à ses soldats. Était-il sincère ou bien a-t-il oublié de préciser « avant la chute de feuilles...
5 dans quatre ans » ?
Je mordille mon stylo. Quelle impression cela peut-il faire de partir à la guerre ? J'imagine un quai de gare, une bousculade d'hommes portant des uniformes flambant neufs, le train qui démarre comme si c'était pour les emmener vers la mer, en
10 vacances, sauf que cette fois, en bout de ligne, il y a la gadoue des tranchées, les rats, l'ennemi embusqué, la mort.
Patty fait éclater une troisième bulle. Ça m'énerve, mais je ne dis rien : mieux vaut entendre éclater les chewing-gums que les bombes.
15 Allons, Mado, cesse d'imaginer. Tout ce qu'on te demande, c'est de connaître des dates, des noms, des chiffres. Concentre-toi !
Dans quatre jours, les épreuves du Brevet commencent et je n'ai pas le droit à l'erreur. Le juge des tutelles a été très clair sur ce point : ma réussite scolaire est la condition sine
20 qua non. Un échec, et tout est remis en cause : ma vie avec Patty, l'appartement, les vacances, les bases mêmes de notre arrangement. Lors de notre dernier entretien, il y a huit mois, il n'a cessé de mettre Patty en garde. « La charge de tuteur est lourde et difficile, lui a-t-il expliqué. Vous devrez aider votre
25 sœur au maximum, surveiller ses notes, suivre le programme avec elle, lui épargner le stress et être ferme sur ses horaires de coucher. Si Mado fait des bêtises, c'est vous qui serez légalement responsable. Au moindre écart, nous pouvons réviser les conditions de la tutelle. » Patty a hoché la tête et signé
30 tous les papiers qu'on lui demandait de signer. Après quoi, elle a proposé un chewing-gum au juge, « pour fêter ça ». Comme il n'était pas bégueule, il a accepté une tablette goût chlorophylle, mais j'ai bien compris en l'entendant soupirer qu'il

---

2 **se gondoler** se déformer – 6 **mordiller** mordre légèrement (knabbern) – 7 **une bousculade** [buskylad] le fait de pousser brutalement – 10 **la gadoue** la boue (Dreck) – 11 **la tranchée** *ici:* Schützengraben – 11 **embusqué** im Hinterhalt – 17 **les épreuves** *fpl* l'examen – 17 **le Brevet des Collèges** le diplôme français à la fin du collège (Ende der 10. Klasse) – 18 **ne pas avoir droit à l'erreur** ne pas pouvoir faire de faute – 18 **le juge des tutelles** *jur ici:* la personne qui désigne le responsable légal d'un mineur (Vormundschaftsrichter) – 19 **sine qua non** [sinekwanɔn] unabdingbar – 20 **un échec** ≠ un succès – 20 **remettre en cause** remettre en question – 23 **mettre qn en garde** prévenir qn – 23 **le tuteur** la personne responsable d'un mineur – 26 **les horaires de coucher** l'heure d'aller se coucher – 28 **au moindre écart** à la plus petite faute – 32 **bégueule** prude

1   n'avait pas complètement confiance. Je lui ai fait un sourire
encourageant. Ma grande sœur n'avait pas l'air, comme ça,
d'être l'adulte idéale, décrite par les textes de loi, mais nous
allions lui démontrer que nous étions capables de tenir nos
5   engagements ! Parole de Yazinsky !
Seulement, Patty est Patty. On ne la refera pas.
Depuis huit mois, elle vit avec l'idée que tout ira bien, qu'il n'y
a qu'à me laisser faire. Elle sort le soir, invite des copains tous
les week-ends, s'achète ses fringues et son maquillage, comme
10 avant. Jamais elle ne me donne d'ordre, ni de conseils. Quant
à mes contrôles et mes bulletins scolaires, elle se contente de
les signer. « Mado a toujours été bonne en classe », dit-elle
régulièrement à l'assistante sociale. « Vous prenez pas la tête. »
À l'écouter, on pourrait croire que la vie est légère, facile, sans
15 soucis.
Cela dit, je ne lui en veux pas. Patty se débrouille comme elle
peut. Elle travaille dur, gagne l'argent qui nous permet de
manger et elle me paye le cinéma quand je le lui demande. Elle
ne remplacera jamais papa et maman, mais c'est ma frangine.
20 Ma super-frangine.
– Au fait, Mado… dit-elle soudain d'une voix très forte à cause
du casque sur ses oreilles. Je t'ai dit que je ne serai pas là ce
week-end ?
Je lève le nez et hausse les sourcils.
25 – Non, tu ne me l'avais pas dit.
– Hein ?
– Je dis non. Je ne savais pas.
Elle ôte le casque et le pose sur le magazine de mots fléchés
ouvert à côté d'elle.
30 – C'est Luigi. Il m'emmène à Amsterdam.
Je hoche la tête. Ça faisait un moment que je n'avais pas entendu
parler de Luigi, tiens…
– Qu'est-ce que vous allez faire là-bas ?
– À ton avis ? soupire Patty en éteignant la télé. C'est un voyage
35 d'amoureux, c'est tout.
Je m'empresse de sourire d'un air entendu et de replonger dans

---

4 **tenir les engagements** mpl ici: Bedingungen einhalten – 9 **les fringues** fpl fam les
vêtements – 9 **le maquillage** Schminke – 12 **signer** unterschreiben – 13 **l'assistante**
f **sociale** Sozialarbeiterin – 13 **se prendre la tête** fam s'inquiéter – 16 **se débrouiller**
fam se tirer d'affaire – 19 **une frangine** fam une sœur – 22 **le casque** Kopfhörer –
24 °**hausser les sourcils** [sursi] mpl Augenbrauen hochziehen – 28 **des mots fléchés**
Kreuzworträtsel – 36 **s'empresser de faire qc** sich beeilen etw zu tun – 36 **d'un air**
entendu d'un air complice

1 mes fiches.

– T'es contrariée ? s'enquiert ma sœur.

– Moi ? Non.

Je l'entends souffler sur ses orteils pour parachever le séchage

5 du vernis, puis elle ajoute :

– Tu ne l'aimes pas, Luigi, hein ?

– Si, si, je l'aime bien.

– Menteuse.

J'avale péniblement ma salive. Pour rien au monde, je n'ai

10 envie de me mêler des histoires sentimentales de Patty. Elle a vingt ans, j'en ai quinze, et je sais que, sur ce plan, comme sur tant d'autres, nous vivons sur des planètes différentes. Quant à Luigi, je ne l'ai vu que trois ou quatre fois, mais ça m'a suffi. Je l'ai trouvé moche, idiot et sale.

15 – Tant pis ! déclare Patty. T'as le droit de penser ce que tu veux, ma vieille. C'est pas toi qui vas en Hollande, de toutes manières.

– Eh non.

– Et puis, t'as tes révisions. Tu ne vas pas t'ennuyer.

20 – Aucun risque.

– C'est mercredi, le Brevet ?

– Lundi.

– Putain, déjà ? Ça passe vite, non ?

Je serre les lèvres, soudain envahie par un cafard monstrueux.

25 C'est vrai que le temps passe vite… même quand on a cru qu'il s'était arrêté pour toujours.

Il y a neuf mois déjà que l'accident a eu lieu. Il y a neuf mois, c'était le mois d'octobre… le mois de « la chute des feuilles », comme dirait le Kaiser. Papa et maman avaient décidé de

30 prendre une semaine de vacances, loin de la foule, en dehors des congés scolaires. Ils sont descendus en Ardèche, dans notre maison de campagne. Sur une petite route en lacet, en pleine descente, les freins de la voiture ont lâché.

– Mado ?

---

2 **contrarié** ne pas être d'accord – 2 **s'enquérir** s'informer – 4 **parachever qc** terminer qc avec soin – 4 **le séchage** Trocknen – 8 **un menteur** qn qui ment (Lügner) – 9 **la salive** Spucke – 10 **se mêler de qc** s'intéresser à qc (sich in etw einmischen) – 14 **moche** *fam* laid – 16 **ma vieille** *fam* meine Liebe – 23 **putain** *vulg* verdammt, verflucht – 24 **un cafard** une sorte de dépression – 24 **monstrueux** très grand – 27 **avoir lieu** stattfinden – 30 **la foule** la masse de gens – 31 **les congés** *mpl* **scolaires** les vacances scolaires – 31 **l'Ardèche** *f* Landschaft, Fluss und Département in der Provence, im SO Frankreichs – 32 **une route en lacet** Serpentinenstraße – 33 **en descente** la route descend – 33 **les freins** *mpl* Bremsen – 33 **lâcher** versagen

1 Je sursaute. Patty est debout, devant moi, l'air inquiet.
– Ça va, ça va, dis-je dans un murmure. Je pensais seulement à
mes épreuves de lundi.
Elle gobe volontiers le mensonge, soulagée de ne pas avoir à
5 « en parler ». Pourtant, elle n'est pas dupe, je le sais. Elle a vu
mon regard fixe, mes yeux humides. Elle sait parfaitement que
je pensais à eux.
– T'as la trouille ? me demande-t-elle en désignant mes fiches
de révision.
10 – Un peu.
– Ça passera, va.
Elle énonce cette platitude avec une tendresse maladroite, qui
manque de faire exploser mes digues intérieures. Il va falloir
rapidement changer de sujet avant que les sanglots montent,
15 avant que la marée du chagrin nous emporte.
– Allez, secoue ta graisse, Mado ! s'exclame-t-elle sur un ton
faussement enjoué. Je t'emmène dîner chez Lolo !
Je souris de mon mieux. Patty… Entre elle et moi, il y a autant
de points communs qu'entre une tortue et un babouin, mais je
20 l'aime quand même. Avec son vernis criard, ses piercings, ses
cheveux en pétard passés à l'eau oxygénée, ses mots fléchés,
ses jeans troués et son Luigi… Patty est ma frangine, ma tutrice
officielle et préférée, ma seule famille, ma bouée de sauvetage.

---

4 **gober** *fam ici:* croire naïvement – 4 **le mensonge** ≠ la vérité – 4 **soulagé** erleichtert –
5 **être dupe** *ici:* sich täuschen lassen – 8 **avoir la trouille** *fam* avoir peur – 10 **la**
tendresse Zärtlichkeit – 12 **maladroit** ungeschickt – 13 **manquer de** fast hervorrufen –
13 **les digues** *fpl ici:* Abwehrkräfte – 14 **le sanglot** Schluchzer – 15 **la marée du**
chagrin Übermaß an Kummer – 16 **secoue ta graisse** *fam* bouge-toi – 19 **une tortue**
Schildkröte – 19 **un babouin** Pavian – 20 **criard** grell – 21 **les cheveux** *mpl* **en pétard**
zerzaust – 23 **une bouée de sauvetage** *ici:* Rettungsanker

Chapitre 2

1 J'ai appris beaucoup de choses, ces derniers mois. La plupart de ce que j'ai appris pourrait se résumer ainsi : tout est relatif. Ça paraît idiot, mais, avant l'accident de mes parents, je ne savais pas ce que cela voulait dire. Je vivais dans l'absolu, ce
5 qui, paraît-il, est normal à mon âge. J'Adorais quelque chose ou bien je Détestais quelque chose. Je jugeais telle personne indigne d'intérêt et telle autre digne de mon amitié. Je trouvais qu'il n'y avait rien de Pire dans la vie que de venir au collège accompagnée de ses parents, et qu'il n'y avait rien de plus Gé-
10 nial que de passer un samedi soir au cinéma avec des copines. Tout était clair. Noir ou blanc. Cool ou pas cool.
Mais, depuis, j'ai fait l'apprentissage forcé des nuances.
Par exemple, Patty.
Avant l'accident, je ne m'entendais pas avec elle. Je la trouvais
15 vulgaire, stupide, sans gêne, envahissante. Elle avait pourtant déjà quitté la maison depuis un an, mais notre mésentente ne s'en n'était pas trouvée amoindrie. Chaque samedi, Patty déboulait chez « nous », à savoir dans l'appartement que j'occupais désormais seule avec papa et maman, et déversait
20 des tonnes de linge sale sur le carrelage de la salle de bains. Maman lui faisait ses lessives, tandis qu'elle se vautrait dans le canapé et qu'elle passait des heures au téléphone. À déblatérer des inepties, bien entendu.
Exaspérée, je disais à mes parents :
25 – À quoi ça sert de prendre son indépendance si c'est pour retomber en enfance tous les samedis ? Quand Patty vivait avec nous, au moins, elle aidait pour le ménage et…
Mon père levait un doigt pour me faire taire.
– Quand ce sera ton tour, tu verras ! Avant de prendre son envol,
30 il faut un temps de transition. Tu profiteras aussi de la machine à laver, c'est promis.
J'étais un peu jalouse, au fond. Patty vivait librement, avec sa légèreté agaçante, et puis, tel l'oiseau, elle revenait picorer au

---

7 **indigne** unwürdig – 12 **l'apprentissage** *m* le fait d'apprendre – 15 **sans gêne** sans s'occuper de l'autre (rücksichtslos) – 15 **envahissant** indiscret – 16 **une mésentente** une mauvaise relation – 17 **amoindri** diminué – 18 **débouler** *fam* arriver vite – 19 **déverser** déposer en grande quantité – 21 **faire la lessive** laver le linge – 21 **se vautrer** sich lümmeln – 22 **déblatérer des inepties** [inɛpsi] *fpl* dire beaucoup de bêtises – 24 **exaspéré** verzweifelt – 29 **prendre son envol** *ici:* das Elternhaus verlassen – 30 **le temps de transition** Übergangszeit – 32 **jaloux** eifersüchtig – 33 **tel l'oiseau** comme un oiseau – 33 **picorer au nid** *ici:* von zuhause profitieren

1 nid quand ça lui chantait. Alors que moi, je supportais l'autorité
parentale, je participais aux tâches ménagères, je m'appliquais
pour mes études : tout me semblait lourd, âpre, difficile.
– Tu ne te rends pas compte, Mado, ajoutait maman. Patty
5 travaille toute la semaine jusqu'à des heures impossibles.
Comment veux-tu qu'elle s'occupe aussi de son linge ?
Je haussais les épaules. Pour moi, le travail de Patty, c'était la
planète Mars. Nous avions pourtant été dîner plusieurs fois
dans le restaurant où elle était serveuse et je l'avais vue courir
10 d'une table à l'autre, prenant les commandes, apportant les
plats, balayant les bris de verre quand il y avait de la casse. Bien
sûr, c'était crevant, mais elle pouvait se reposer toute la journée,
alors que moi, j'étais en cours !
Et puis, il y eut l'accident. Plus de papa. Plus de maman.
15 Lorsque nous nous sommes retrouvées chez le juge des tutelles,
j'ai compris que si ma sœur n'avait pas travaillé, jamais elle
n'aurait pu demander à me garder près d'elle. Comme nous
n'avions pas de famille en France, j'aurais été placée dans un
foyer de la DDASS ou dans une famille d'accueil jusqu'à ma
20 majorité. Plutôt mourir.
Papa et maman nous laissaient l'appartement, la maison de
campagne et un peu d'argent qu'ils avaient mis de côté. Patty
pouvait revenir vivre avec moi, me nourrir, me vêtir. Elle deve-
nait ma tutrice. Au mois de janvier, elle s'est même débrouillée
25 pour changer ses horaires de boulot. Elle a pris les services du
midi et elle a obtenu de ne travailler qu'un samedi sur deux
pour être avec moi plus souvent.
Aujourd'hui, Patty est toujours vulgaire, sans gêne, envahissante.
Parfois, je me demande si elle n'a pas une atrophie du cerveau,
30 mais ce que j'ai découvert, c'est qu'elle est d'une générosité
sans limite, qu'elle a le sens de la fête, de l'humour, de la vie,
et qu'elle me respecte énormément, même si je suis différente
d'elle.
Alors, de mon côté, je fais des efforts. Je la complimente sur ses
35 tenues les plus moches, je ne critique pas ses copains, même si
j'en meurs d'envie, je la laisse écouter sa musique à fond sur la
chaîne et… je finis presque par aimer cet affreux bar, bruyant et

---

3 **âpre** rude – 11 **les bris** *mpl* **de verre** du verre cassé – 12 **crevant** très fatigant – 13 **être
en cours** être à l'école – 19 **un foyer de la DDASS** [das] Direction Départementale d'Action
Sanitaire et Sociale (Leitung des Sozial- und Gesundheitswesens) – 19 **une famille
d'accueil** eine Familie, die die Patenschaft übernimmt – 20 **la majorité** Volljährigkeit –
24 **elle s'est même débrouillée pour** elle a même réussi à – 25 **le boulot** *fam* le travail –
34 **faire des efforts** *mpl* sich Mühe geben – 35 **les tenues** *fpl* les vêtements – 35 **moche**
fam laid

enfumé, où elle m'emmène chaque fois que j'ai trop de peine.
« Chez Lolo », Patty est la reine. Elle connaît tout le monde, tutoie le patron, joue au flipper et au baby-foot en poussant des hurlements hystériques et, lorsque je suis avec elle, elle me présente toujours aux clients comme « sa petite sœur savante ».

« Chez Lolo », on mange des hot-dogs et des frites graisseuses. Il y a de la sciure par terre et des mégots écrasés, une vitrine pour exposer les coupes et les médailles du club de boxe local et des banquettes marron en faux cuir. Je bois un diabolo et Patty une bière. Le patron nous offre souvent son infecte mousse au chocolat pour le dessert. Je la mange en prenant un air gourmand, si bien qu'il doit croire que sa mousse est la meilleure du monde. Ça ne me dérange pas, après tout. Ce qui compte, c'est la gentillesse.

Ce soir-là, après le hot-dog et quatre parties de flipper, ça ne rate pas : le patron me demande si j'aimerais une petite mousse. Je dis oui et Patty s'empresse d'en commander une pour elle aussi.

– Est-ce bien raisonnable ? lui demande le patron en lui pinçant la taille. Tu ne profiterais pas un peu trop des sucreries, ces derniers temps ?

Patty baisse les yeux vers son ventre. C'est vrai qu'elle a tendance à s'enrober depuis quelques semaines. Mais elle hausse les épaules :

– Sois cool, Lolo ! Laisse-moi vivre !

Elle se retourne vers moi et me fait un clin d'œil :

– Dès demain, régime !

Je lui rends son clin d'œil. C'est vrai que nous ne sommes pas les championnes de la diététique, Patty et moi. Depuis que nous faisons nous-mêmes tous nos repas, les endives et les haricots verts ne sont pas souvent invités à notre table ! Pas étonnant que Patty ait pris du poids.

– Moi aussi, régime ! dis-je pour l'encourager.

– T'es folle ! Pas avant le Brevet ! Tu dois manger, Mado. T'es en pleine croissance, je te signale.

Elle se penche vers moi :

---

3 **tutoyer qn** dire « tu » à qn – 3 **un baby-foot** [babifut] Tischfußball – 7 **graisseux** très gras – 8 **la sciure** Holzspähne – 8 **des mégots** mpl **écrasés** fam ausgetretene Zigarettenkippen – 9 **une coupe** Pokal – 10 **un diabolo** un mélange de sirop et de limonade – 11 **infecte** eklig – 13 **gourmand** qui aime manger – 16 **ça ne rate pas** fam ça arrive comme prévu – 21 **profiter** ici: prendre du poids – 24 **s'enrober** grossir – 28 **le régime** Diät – 29 **le clin d'œil** Augenzwinkern – 31 **une endive** Chicoree

1 – Je te rapporterai des gaufres d'Amsterdam. Il paraît qu'elles
sont délicieuses. Comme ça, tu pourras en grignoter pendant
les épreuves, d'accord ?
Tout en jouant avec le sous-verre en carton, je songe à son voya-
5 ge à Amsterdam et à ce long week-end de solitude qui m'attend.
Sans ma sœur, dans cet appartement plein de souvenirs, est-
ce que je ne vais pas m'enfoncer dans la déprime ? Je n'ose pas
supplier Patty de rester, d'annuler son voyage, de me garder près
d'elle, tout le temps, tout le temps… Je me contente de dire :
10 – C'est bizarre d'aller à Amsterdam, non ? Luigi aurait mieux fait
de t'emmener en Italie, puisqu'il est italien !
Patty fait une moue.
– Amsterdam, c'est moins cher.
À ce moment-là, je vois passer une ombre sur son visage. Son
sourire s'éclipse, comme si ce voyage ne lui disait plus rien, tout
15 à coup.
– Et deux mousses pour les jolies sœurs ! s'exclame le patron en
posant les coupes devant nous.
Patty retrouve son sourire illico.
– Fais pas cette tête, Mado ! Mange et arrête de te torturer les
20 méninges ! Un jour, c'est moi qui t'emmènerai en Italie, tu
verras !
Je plante ma cuillère dans la mousse au chocolat. Pour ce soir,
j'essaie d'adopter la philosophie de Patty : croquer la vie comme
elle vient en gardant le sourire, même si elle est indigeste.

---

1 **une gaufre** Waffel – 2 **grignoter** knabbern – 4 **un sous-verre en carton** Bierdeckel –
7 **s'enfoncer dans qc** se jeter dans qc – 7 **la déprime** *fam* la dépression – 8 **supplier** prier
très fort – 12 **faire une moue** ein schiefes Gesicht ziehen – 18 **illico** [i(l)liko] *fam* tout de
suite – 19 **se torturer les méninges** *fam* trop réfléchir – 23 **croquer la vie** profiter de la
vie – 24 **indigeste** unverdaulich

Chapitre 3

Samedi, 18 heures

1 Finalement, cette première journée de solitude n'a pas été aussi terrible que je le craignais. Je me suis levée tard, j'ai traîné dans mon bain, révisé les maths et le français, vidé un paquet de gâteaux pour mon goûter et j'ai à peine pensé à mes parents.

5 Seulement, maintenant, il me reste à affronter la soirée : la nuit qui tombe, les bruits qui changent, les éclats de voix dans les appartements voisins, ce sentiment tenace de ne pas être invitée à la même fête que les autres… Le soir, rien n'est pareil. Le soir, tout est plus difficile.

10 Je range mes livres et mes fiches de révision, tout en cherchant un moyen de contourner l'épreuve qui s'annonce. Regarder la télé ? Écouter de la musique ? Descendre dans la rue pour me balader un moment ? Appeler Patty sur son portable ? Comme je n'arrive pas à me décider, je sors sur le balcon et m'accoude à

15 la rambarde, histoire de respirer.

Si j'ai encore appris une chose importante, ces derniers mois, c'est que le malheur des uns fait peur aux autres.

Je me rappellerai toute ma vie le matin d'automne où je suis revenue au collège, après une semaine d'absence. Tout le

20 monde était au courant, bien entendu : les profs, les élèves, les surveillants et même les parents d'élèves. « Vous savez, Mado Yazinsky, qui est en 3e C ? Eh bien, elle a perdu ses parents dans un accident de voiture… Tous les deux, tués sur le coup. La voiture s'est écrasée au fond d'un ravin. Vous vous rendez

25 compte ? »

Évidemment, personne ne pouvait se rendre compte.

Quand je suis arrivée dans la cour, mes copines sont venues vers moi. Olivia, Maude, Sabrina et Judicaëlle : une vraie brochette d'enterrement ! Elles avaient l'air si tristes ; on aurait

30 cru que c'étaient elles qui avaient perdu leurs parents ! Du coup, en les voyant, je n'ai pas pu m'en empêcher : j'ai rigolé. Elles n'ont pas compris. Comment pouvais-je rire alors qu'un tel malheur venait de se produire ? J'ai vu la stupeur et la

---

6 **des éclats** *mpl* **de voix** des voix bruyantes – 7 **tenace** zäh – 11 **contourner** ne pas faire – 13 **se balader** *fam* se promener – 14 **s'accouder** s'appuyer avec les coudes – 15 **une rambarde** une barrière – 24 **s'écraser** zerschellen – 24 **un ravin** (Fels)Schlucht – 28 **une vraie brochette d'enterrement** so ein richtiger Trauerzug – 31 **rigoler** *fam* rire – 33 **la stupeur** l'étonnement

1 désapprobation se peindre sur leurs visages.
– C'est nerveux, ai-je inventé.
– Je comprends, a menti Sabrina.
Maude et Judicaëlle ont hoché la tête.
5 – Tu es sûre que c'est bien de revenir au collège ? m'a demandé
Olivia.
– Ça me changera les idées, ai-je répondu.
Cette fois, j'étais on ne peut plus sincère. Rester chez moi, à me
morfondre et à ressasser les souvenirs, n'était pas une solution.
10 Même la psychologue m'avait encouragée à reprendre les
cours.
Ensuite, on est restées toutes les quatre à attendre la sonnerie,
sans rien dire. Sabrina portait un nouveau pull, mauve et gris,
super-joli. Je n'osais pas lui en parler de peur de paraître futile.
15 Je savais que Judicaëlle avait été à la boum de Mathieu, le samedi
précédent. J'aurais voulu lui demander comment c'était, si
Laura avait embrassé Gabriel et si Éléonore avait dansé avec
Kevin… mais je n'osais pas lui poser ces questions.
Je me suis alors aperçue que j'allais passer mon temps à me
20 surveiller pour être conforme à ce qu'on attendait de moi : je
devais avoir l'air triste et abattue, point à la ligne. Pas d'autre
attitude possible. Mes copines aussi se contrôlaient : il ne fallait
pas rire, pas me bousculer, pas me parler de choses tristes, ni
de choses gaies, éviter de prononcer les mots tabous comme
25 « papa », « maman » et même « voiture »…
Cette situation pénible a duré quelques jours. Et puis, peu à peu,
j'ai senti un relâchement. Pour éviter de me faire de la peine,
mes copines préféraient rire loin de moi, s'amuser loin de moi,
se raconter leurs histoires banales loin de moi. Elles n'ont pas
30 vraiment voulu me mettre sur la touche. J'étais sur la touche.
Au cours du trimestre suivant, je me suis rapprochée de
Jeanne, une fille que je n'aurais jamais pensé fréquenter avant
l'accident. Avec elle, j'ai pu parler de mes parents et de ma
nouvelle vie. Comme on ne se connaissait pas trop auparavant,
c'était moins difficile. Elle me prenait comme j'étais : Mado
35 l'orpheline, Mado qui vivait seule avec sa grande sœur, qui avait
ses humeurs sombres et ses absences, mais aussi ses éclats de

---

1 **la désapprobation** Missbilligung – 9 **se morfondre** s'ennuyer – 9 **ressasser** [ʀəsase]
penser toujours à la même chose – 14 **futile** *ici:* oberflächlich – 15 **la boum** *fam* la fête –
21 **abattu** niedergeschlagen – 21 **point à la ligne** *ici:* c'est tout – 27 **un relâchement**
Nachlassen einer Spannung – 30 **être sur la touche** être exclu – 32 **fréquenter qn** mit
jdm Umgang haben – 36 **des humeurs** *fpl* **sombres** düstere Gefühlszustände

1 rire, la nouvelle Mado. Quant à l'ancienne, je ne sais pas ce
qu'elle est devenue… Elle est sans doute tombée dans le ravin
avec la voiture, elle a été effacée.
Je suis en train de penser à tout ça lorsque le téléphone sonne.
5 C'est Jeanne, justement ! Quand elle apprend que je suis toute
seule, elle me propose de venir dormir chez elle. Là-bas, il y a
toujours de l'animation, du bruit, de la vie : exactement ce qu'il
me faut ! Voilà ma soirée sauvée.
Avant de prendre mes affaires et de filer, je décide de joindre
10 Patty sur son portable pour la tenir au courant.
Elle finit par répondre au bout de cinq ou six sonneries. Sa voix
est un peu altérée. Je demande :
– Je te dérange ?
– Non, non, ça va.
15 – Jeanne m'invite à dormir. Je rentrerai demain après-midi.
– D'accord, fais comme tu veux, Mado.
Je laisse un temps, troublée. Patty n'a pas le ton enjoué d'une
amoureuse qui nage en plein bonheur. Luigi et elle se seraient-
ils disputés ?
20 – Ça n'a pas l'air d'aller fort, dis-je.
– Si, tout va bien. Je suis à l'hôtel… Je… J'étais sous la douche,
en fait.
Ça pue le mensonge à cent kilomètres. Je me représente soudain
Patty, toute seule dans cette ville inconnue, larguée par ce Luigi
25 que je n'aime pas, triste à mourir, mais trop fière pour avouer
quoi que ce soit. J'ose insister :
– Il est comment, l'hôtel ? Chouette ?
– Super, répond Patty en forçant un rire. La chambre est grande,
on a la télé…
30 Dans le téléphone, j'entends des voix qui résonnent et des
portes qui claquent.
– Et Amsterdam ? C'est comment ?
– Sympa.
– Tu as vu des moulins ?
35 – Pas en pleine ville, andouille ! soupire Patty. Bon, Luigi
m'attend. Faut que je te laisse.
– Amuse-toi bien, dis-je sans conviction. Et à demain.

---

1 **quant à** en ce qui concerne – 7 **l'animation** f l'activité – 10 **tenir qn au courant** informer
qn – 20 **ça n'a pas l'air d'aller fort** on dirait que ça ne va pas bien – 23 **puer** stinken – 23 **le
mensonge** Lüge – 24 **être largué par qn** fam être quitté par qn – 27 **chouette** fam bien,
agréable – 34 **un moulin** Mühle – 35 **andouille !** fam imbécile ! (Trottel!) – 35 **soupirer**
seufzen – 37 **sans conviction** nicht überzeugend

1 – Bonne soirée, Mado. Embrasse Jeanne pour moi.
Fin de la conversation. Je reste debout dans l'entrée, les bras
ballants. Pourquoi Patty avait-elle l'air si fatiguée, si tendue, si
triste ? Et les bruits que j'ai entendus derrière elle… On aurait
5 plutôt pensé qu'elle se trouvait dans un hall de gare ou dans un
aéroport. Certainement pas dans le cadre feutré d'une chambre
d'hôtel.
J'hésite un moment à la rappeler pour en avoir le cœur net, puis
je renonce. Après tout, c'est Patty qui est la grande, l'adulte ! Et
10 c'est elle qui a décidé de prendre du bon temps ! Je ne vais pas
me gâcher la soirée à m'inquiéter pour elle. Et d'ailleurs, si elle
a rompu avec Luigi, ce n'est pas une grande perte. Telle que je
connais Patty, elle s'en remettra.
En claquant la porte de l'appartement, j'ai l'impression de
15 refermer un cercueil. Clac ! Dormez bien, les fantômes ! Moi, je
vais m'amuser ailleurs !

N'empêche, le dimanche soir, quand j'entends tinter les clés de
Patty sur le palier, je ne cache pas mon soulagement et je me
20 précipite à sa rencontre.
– Ça va, Pat ? C'était bien ? Pas trop fatiguée ?
Elle a mauvaise mine, mais, en même temps, ses yeux semblent
briller plus intensément que d'ordinaire. J'en déduis que le
week-end a dû être mouvementé et se finir comme il faut.
Comme j'ai préparé à dîner, je lui demande si elle a faim.
25 – C'est bon, j'ai mangé un sandwich.
– Dommage, j'avais prévu un menu minceur… Concombres,
salade verte et jambon maigre !
Patty ne semble pas m'avoir entendue. Elle jette ses chaussures
à talons compensés dans un coin et va directement s'effondrer
30 dans le canapé. En l'observant un peu mieux, je comprends
pourquoi je lui trouvais si mauvaise mine. Elle n'est pas
maquillée ! Ce détail fait renaître en moi le sentiment que
quelque chose cloche. Les seules circonstances qui empêchent
Patty de se peinturlurer la figure, c'est quand elle est malade. Et

---

2 **rester debout** ≠ rester assis – 2 **les bras ballants** sans rien faire – 6 **le cadre feutré** une
atmosphère de calme et de luxe – 8 **en avoir le cœur net** [nɛt] savoir exactement de quoi
il s'agit – 11 **gâcher** verderben – 12 **la perte de qc** le fait de perdre qc – 15 **un cercueil**
Sarg – 19 **le palier** Treppenabsatz – 19 **le soulagement** Erleichterung – 20 **se précipiter à**
sich stürzen auf – 23 **déduire qc de qc** etw aus etw schließen – 25 **c'est bon** *fam ici:* c'est
pas nécessaire – 29 **à talons** *mpl* **compensés** mit Plateau-Sohlen – 33 **qc cloche** qc ne va
pas – 34 **se peinturlurer la figure** *fam* se maquiller exagérément le visage

1 encore ! Il faut vraiment une grosse grippe !
– Tu n'as pas l'air en forme… murmuré-je prudemment, tu ne
serais pas malade ?
Patty s'empare de la télécommande et allume la télé sans
5 répondre. Du coup, je n'ose pas insister et je me contente
de m'asseoir à côté d'elle. L'émission qui commence est un
reportage sur la vie des gens riches. Cela n'a strictement aucun
intérêt, mais je m'abstiens de tout commentaire. Patty s'est
roulée en boule contre l'accoudoir, dans une position que je
10 connais trop bien : celle de l'enfant blessée. Combien de fois
l'ai-je vue se recroqueviller de la sorte, les yeux dans le vague et
les doigts tortillant ses mèches de cheveux délavés ? Quand elle
ne va pas fort, Patty semble rapetisser, et c'est tout juste si elle
ne prend pas son pouce. Du vivant de papa et maman, je me
15 moquais d'elle. Plus maintenant.
Sur l'écran, un homme en costume très cher est en train
d'expliquer à la caméra qu'il organise une petite réception
« en toute intimité ». Trois cents personnes sont invitées chez
lui. Dans les cuisines de son palace, des dizaines de cuisiniers
20 s'agitent autour de leurs casseroles. Les sauces dégoulinent,
les viandes rôtissent, les poissons grillent et les desserts
s'entassent.
Tout à coup, alors que je m'apprête à pousser une exclamation
de gourmandise, Patty bondit du canapé et court aux toilettes.
25 Interdite, je ravale mon cri. À travers la porte, j'entends Patty
qui vomit tripes et boyaux.
Par mesure de précaution, j'éteins la télé. Quand Patty
réapparaît, elle est livide.
– Tu as raison, me dit-elle. Je suis malade. Je vais aller me
coucher.
30 Je hoche la tête.
– Moi aussi. Demain, les épreuves du Brevet commencent à 8
heures.
Tandis qu'elle s'éclipse vers sa chambre, elle essaie de faire un
peu d'humour :
35 – Si ça se trouve, c'est ça qui me rend malade… ton Brevet !

---

4 **s'emparer de qc** prendre qc – 4 **une télécommande** Fernbedienung – 8 **s'abstenir
de faire qc** ne pas faire qc – 9 **un accoudoir** Armlehne – 11 **se recroqueviller** sich
zusammenkauern – 11 **les yeux dans le vague** l'air absent – 12 **tortiller** zwirbeln – 12 **les
mèches** *fpl* Haarsträhnen – 13 **rapetisser** devenir de plus en plus petit – 14 **le pouce**
Daumen – 17 **une réception** *ici:* une fête (Empfang) – 20 **dégouliner** *ici:* sich ergießen –
23 **une exclamation de gourmandise** le fait de crier, l'air gourmand – 25 **ravaler un cri** ne
pas crier – 26 **vomir tripes et boyaux** [bwajo] *fam* kotzen wie ein Reiher – 27 **par mesure
de précaution** vorsichtshalber – 28 **livide** très pâle – 33 **s'éclipser** verschwinden

Chapitre 4

1 Le lendemain, quand je quitte l'appartement, Patty n'est pas
encore levée, mais ça n'a rien d'exceptionnel : elle a toujours
été adepte des grasses matinées. Par sa porte entrebâillée, je
l'ai vue dormir, roulée en boule sous sa couette. Elle avait l'air
5 paisible. Je m'en vais donc passer mes épreuves sans me faire
de soucis. Patty s'est peut-être gavée de gaufres tout le week-
end ? Et d'ailleurs, elle a dû manger celles qu'elle voulait me
rapporter, parce que je n'en ai pas vu la couleur !
   Je passe le reste de la journée concentrée sur mes copies
10 d'histoire, de géo, puis de maths. Les sujets me paraissent assez
faciles ; je réussis même à conclure mon devoir d'histoire par
la déclaration du Kaiser à l'été 1914, promettant aux soldats un
retour « avant la chute des feuilles ».
   En écrivant cette dernière phrase, je suis prise d'un frisson :
15 comment tant de poésie peut-elle s'insinuer au milieu d'une
pareille boucherie ? Est-ce cela, le génie humain ? Cette capacité
à faire surgir de la beauté, même dans les pires situations ? Le
frisson passé, je rebouche mon stylo à plume et je reste immobile jusqu'à la sonnerie, plongée dans des pensées étranges à
propos de la vie et de la mort. La vie qui poussait les soldats vers
20 les lignes de front, la mort qui les ramenait dans leur village ;
la vie qui poussait mes parents à profiter de la campagne en
automne, la mort qui les a fauchés en plein virage ; la vie qui me
pousse en avant, la mort qui me tire en arrière.
   En sortant, je suis un peu sonnée, mais plutôt confiante,
25 songeant que mes trois semaines de révisions intensives
ont porté leurs fruits. J'ai même une pensée pour le juge des
tutelles : si tout va bien, le jour des résultats, j'irai lui offrir un
paquet de chewing-gums !
   C'est donc le cœur léger que je rentre à la maison, persuadée
30 d'y trouver un petit mot de Patty, griffonné au feutre sur le
tableau de la cuisine, comme d'habitude : « Vais mieux, juste

---

3 **un adepte** Anhänger – 3 **faire la grasse matinée** dormir tard le matin – 3 **entrebâillé**
à moitié ouvert – 4 **la couette** Federbett – 5 **paisible** en paix – 5 **se faire du souci**
s'inquiéter – 6 **se gaver** manger excessivement – 8 **je n'en ai pas vu la couleur** je ne les
ai pas vues – 14 **un frisson** Schauder – 15 **s'insinuer** se glisser – 16 **une boucherie** *ici:*
Abschlachterei – 16 **la capacité** → capable – 18 **reboucher** refermer avec un bouchon –
22 **faucher** *ici:* tuer – 22 **en plein virage** mitten in der Kurve – 24 **sonné** groggy –
24 **confiant** vertrauensvoll (→ la confiance) – 30 **griffonné** écrit rapidement – 30 **un
feutre** Filzstift

1 une indigestion. Suis partie bosser. Appelle-moi pour me dire si ça s'est bien passé. Bises ! Pat. »

Mais en poussant la porte de l'appartement, je comprends tout de suite que j'ai pris mes désirs pour la réalité. Pourtant, je

5 devrais commencer à le savoir : la réalité coïncide rarement avec ce qu'on espère. Patty est là, allongée sur le canapé, immobile, les traits bouffis et les yeux gonflés. Elle n'est pas allée travailler, elle ne s'est pas maquillée. Elle a pleuré.

Je pose mon sac de classe, mes clés, et je m'approche d'elle, la

10 gorge nouée. Quand Patty pleure, c'est mauvais. Très mauvais. Parce que moi, du haut de mes quinze ans, je ne trouve pas encore les mots pour consoler les chagrins inconsolables. J'espère qu'en grandissant j'y arriverai, mais tout ce que je parviens à faire jusqu'à présent, c'est à pleurer avec elle.

15 – Tu veux que j'appelle un docteur ?

Elle secoue la tête.

– Tu as mal ?

– Non.

Je me mords la lèvre. C'est dans ces moments-là que papa et

20 maman me manquent le plus. Patty tourne la tête vers moi.

– Comment c'était, le Brevet ?

– Bien, dis-je d'une voix chancelante.

Elle essaie un sourire, mais il s'efface aussitôt.

– Je t'ai menti, Mado, enchaîne-t-elle brutalement. Je t'ai menti

25 sur toute la ligne, excuse-moi.

Décontenancée, j'ouvre les bras. De quoi parle-t-elle ?

– Je ne voulais rien te dire avant la fin de tes examens, mais… j'ai besoin de parler à quelqu'un. Quelqu'un… de la famille.

Elle émet un borborygme que j'identifie comme un rire.

30 – Autant dire que je n'ai pas le choix, ma pauvre Mado. C'est forcément sur toi que ça tombe. Tu veux bien m'écouter ?

Je m'assieds par terre, si près d'elle que je peux presque sentir l'odeur de ses larmes.

– Évidemment.

35 Patty relève une mèche de ses cheveux, renifle et prend sa respiration.

---

1 **bosser** *fam* travailler – 2 **bises** *fpl* je t'embrasse – 5 **coïncider** [kɔɛ̃side] **avec qc** se passer en même temps que qc – 7 **les traits** *mpl* **bouffis** aufgedunsen – 7 **les yeux** *mpl* **gonflés** mit geschwollenen Augen – 10 **la gorge nouée** mit zugeschnürter Kehle – 12 **consoler** trösten – 12 **le chagrin** la tristesse – 14 **parvenir** arriver – 19 **se mordre la lèvre** sich auf die Lippe beißen – 22 **une voix chancelante** une voix faible – 24 **enchaîner** fortfahren – 26 **décontenancé** peu sûr – 29 **émettre un borborygme** faire un bruit non identifié – 30 **autant dire** cela veut dire – 31 **forcément** nécessairement – 32 **je m'assieds** → s'asseoir – 34 **évidemment** naturellement – 35 **renifler** *ici:* schniefen

1 – Je suis bien allée à Amsterdam ce week-end, commence-t-elle. Mais je n'étais pas avec Luigi. Cet imbécile ne sait même pas que j'y suis allée. Il ne sait rien de toute façon, et puis il ne comprendrait pas.

5 – Pour le moment, moi non plus, dis-je.

Patty sourit.

– Excuse-moi, c'est pas facile.

J'essaie de l'aider :

– Qu'est-ce que tu as fait, là-bas ?

10 – Je suis allée... dans un hôpital.

Je blêmis. L'hôpital ! Bon sang, voilà pourquoi j'ai eu l'impression qu'elle me parlait depuis un hall de gare, au téléphone ! Les hôpitaux sont toujours pleins de portes qui claquent et de voix qui résonnent...

15 – Rassure-toi, me précise-t-elle aussitôt, je ne suis pas atteinte d'une maladie mortelle.

– Ouf.

– Je suis enceinte.

– Quoi ?!

20 – Je suis enceinte.

Je reste assise sur la moquette, pétrifiée. Par la fenêtre ouverte, les bruits de la rue montent jusqu'à nous, irréels. J'entends les voitures qui passent, les enfants qui jouent dans le square d'en face, l'écho lointain d'un marteau-piqueur. Quand on reçoit 25 une nouvelle aussi surprenante, on a coutume de dire que le temps s'arrête, que le monde semble se figer, mais moi je crois plutôt que c'est notre cerveau qui cesse brutalement toute activité. Le monde, lui, il s'en fout. Il continue de tourner, quoi qu'il se passe.

30 Quand j'ai appris la mort de papa et maman, ça m'a fait exactement la même impression. J'ai été suspendue dans le vide pendant de longues secondes, comme si on m'avait projetée dans un espace-temps parallèle. J'étais assise dans le bureau du principal, au collège. L'infirmière, ma prof de maths, la 35 psychologue scolaire et Patty se trouvaient là, avec moi, flottant dans cette parenthèse, en apesanteur. Mais j'entendais toujours

---

11 **blémir** devenir pâle – 11 **bon sang** Himmel noch mal – 16 **mortel** → la mort – 18 **être enceinte** attendre un bébé – 21 **la moquette** Teppichboden – 21 **pétrifié** comme une pierre – 24 **un marteau-piqueur** Presslufthammer – 26 **se figer** s'immobiliser – 27 **le cerveau** Gehirn – 28 **le monde s'en fout** *fam* le monde ne s'en occupe pas – 31 **être suspendu dans le vide** ne plus avoir de stabilité sur terre – 33 **un espace-temps** Raumzeit – 34 **le principal** le directeur – 36 **la parenthèse** *ici:* Einklammerung – 36 **l'apensenteur** f Schwerelosigkeit

les cris des élèves dans la cour et les moteurs des scooters qui
tournaient sur le parking.
– Mado… dit doucement Patty.
Je sursaute. Ma sœur me regarde gravement. Elle attend que
5 je dise quelque chose. Mes yeux glissent vers son ventre. Je
demande :
– C'est Luigi ?
Elle approuve en silence.
– Je ne m'en suis pas rendu compte tout de suite. Et puis, j'ai
10 laissé traîner… Je ne sais pas pourquoi. J'étais trop occupée.
Quand je suis allée consulter la gynécologue, elle m'a dit qu'il
était trop tard pour avorter. J'avais largement dépassé le délai
légal français.
Elle se racle la gorge.
15 – Elle m'a expliqué qu'en Hollande le délai est plus souple. Elle
m'a donné une adresse et le nom d'un médecin de là-bas.
Je pousse un soupir. En fait de week-end en amoureux, Patty a
passé deux jours toute seule dans un hôpital, pour avorter. Je
n'arrive pas à y croire.
20 – Samedi, ils m'ont fait des examens approfondis, continue
Patty. Et là… ils se sont aperçus que j'avais aussi dépassé le délai
hollandais.
Je pâlis. Une sensation étrange me saisit, une sorte de vertige.
Patty se dépêche d'enchaîner :
25 – Vu ma situation familiale, ils ont accepté de faire l'avortement
quand même. C'était risqué, Mado. Vraiment risqué. Le
dimanche matin…
Sa voix tremble. Je lui saisis la main, je la serre fort pour
l'encourager et elle se reprend. Elle murmure :
30 – Tu sais, quand tu m'as téléphoné samedi soir… Je venais de
parler pendant une heure avec une psychologue et je ne savais
plus du tout où j'en étais.
Et moi qui m'étais imaginé une simple dispute d'amoureux…
J'étais loin du compte.
35 – J'ai réfléchi toute la nuit. L'opération me fichait la trouille,
c'était horrible… et puis, je ne sais pas… Le dimanche matin,
quand le médecin est entré dans ma chambre, je lui ai dit que je
voulais partir. Et je suis partie.

---

11 **une gynécologue** Frauenarzt – 12 **avorter** abtreiben – 12 **le délai légal** la période
autorisée par la loi (pour avorter : 12 semaines en France et en Allemagne, 24 semaines
en Hollande) – 14 **se racler la gorge** sich räuspern – 15 **souple** flexible – 23 **je pâlis** je
deviens pâle (→ pâlir) – 23 **un vertige** Schwindel(gefühl) – 34 **loin du compte** loin de la
réalité – 35 **ficher la trouille** [tʀuj] *fam* faire peur

1 Je lâche sa main.
– Comment ça, « tu es partie » ? Tu veux dire... que tu n'as pas été... opérée ?
Elle secoue la tête.
5 – Tu veux dire que... tu as décidé de garder le bébé ?
– C'est ça, Mado.
C'est tellement énorme, tellement incroyable, que je me mets à rire. Un bébé ! Patty va avoir un bébé ! Et le père est ce crétin de Luigi, en plus ! Ah non ! Vraiment, c'est la meilleure !
10 – Il va naître en septembre, ajoute Patty.
Je cesse de rire. Cette phrase, si simple et si concrète, me fait l'effet d'un seau d'eau froide sur la tête. Ce n'est pas une blague. Il y a vraiment un bébé dans le ventre de ma sœur. Et il va naître... en septembre. En septembre, ma grande écervelée de
15 sœur, la Patty légère et insouciante, la Patty qui se bourre de hot-dogs chez Lolo et qui tape dans le dos de tous les ivrognes du quartier, celle qui se roule en boule devant la télé... va être maman ? C'est inconcevable.
Malgré moi, mes yeux se posent sur son ventre. Sous son tee-
20 shirt taille XXL, on ne devine pas grand-chose.
– Six mois et demi, énonce-t-elle.
– Mais...
Je secoue la tête. Il y a sans doute une erreur. Son ventre est à peine enflé. Elle a pris des rondeurs, c'est vrai, mais pas tant
25 que ça, tout de même !
– Il paraît que ça dépend des femmes, m'explique Patty. Surtout pour un premier enfant. Chez certaines, ça se voit tout de suite ; chez d'autres, c'est carrément discret. Je n'arrive plus à boutonner mes jeans, mais, avec un long pull, ça passe encore
30 inaperçu.
– Mais... qu'est-ce que... tu vas en faire, après ? dis-je bêtement.
Patty hausse les épaules.
– Je sais pas. Je n'ai pas encore décidé.
35 Je poursuis, éberluée :

---

4 **secouer la tête** dire « non » avec la tête – 8 **un crétin** un idiot – 12 **un seau** Eimer –
12 **une blague** une plaisanterie – 13 **le ventre** Bauch – 14 **écervelé** [esɛʀvəle]
gedankenlos – 15 **insouciant** qui ne se fait pas de soucis – 16 **taper dans le dos** battre
légèrement sur le dos – 16 **un ivrogne** qn qui boit trop d'alcool – 18 **inconcevable** qu'on
ne peut pas comprendre – 24 **enflé** gonflé – 28 **carrément** totalement – 29 **boutonner**
fermer les boutons – 33 °**hausser les épaules** mit den Schultern zucken – 35 **je poursuis**
ich fahre fort (→ poursuivre) – 35 **éberlué** [ebɛʀlɥe] perplexe

1 – Tu es trop jeune pour ça... Tu n'as que vingt ans, Patty, c'est trop tôt...

Patty me regarde d'une façon tellement intense que je cesse de parler.

5 – Maman m'a eue quand elle avait vingt-deux ans, dit-elle tranquillement.

Je comprends brusquement qu'il n'y a plus rien à faire pour changer le cours des événements. Le bébé est déjà là, en quelque sorte, même s'il est encore invisible. La vérité, c'est que
10 c'est moi qui suis trop jeune pour encaisser une nouvelle pareille. La vérité, c'est que la vie déboule trop tôt dans notre deuil. En septembre, un an à peine après l'accident : c'est trop tôt.

Patty se redresse. Elle semble moins pâle, moins tremblante.
15 Elle secoue ses mèches hirsutes, et son regard retrouve un peu d'éclat.

– Tu vas être tata, lâche-t-elle en me tapant sur l'épaule. Tata Mado!

– Très drôle.

20 Elle me fait un sourire en coin et relève son tee-shirt. Je ferme les yeux, mal à l'aise. Je ne sais pas si j'ai envie de voir « ça ».

– Le seul truc qui m'embête, soupire-t-elle, c'est que je voulais me faire un piercing au nombril... Je vais devoir attendre d'être dégonflée !

25 Je reste immobile, comme encastrée dans la moquette du salon. Ma sœur m'annonce qu'elle est enceinte jusqu'à l'os, et la seule chose à laquelle elle pense, c'est qu'elle ne pourra pas se faire décorer le nombril ? Quand je vous disais qu'elle avait une atrophie du cerveau...

---

10 **encaisser** *fam* comprendre et réaliser – 11 **débouler** *fam* arriver rapidement – 11 **le deuil** Trauer – 15 **hirsute** en désordre – 17 **tata** *fam* tante – 23 **le nombril** [nõbʀil] Bauchnabel – 24 **dégonflé** *ici:* avoir perdu son ventre – 25 **encastré** eingebaut – 26 **enceinte jusqu'à l'os** [ɔs] *fam* vraiment enceinte

Chapitre 5

1 *Mes chers parents,*

Voici quelques nouvelles du monde des vivants…
Résumons :

1. Patty est enceinte de six mois et demi. Elle accouchera mi-
5 *septembre.*

2. Le père s'appelle Luigi. Il a vingt-deux ans, un boulot de
mécanicien dans un garage pourri, une petite piaule minable et,
pour le moment, il n'est au courant de rien. De toute façon, ça ne
changerait rien, puisque ce moins que rien a laissé Patty pour
10 *une autre fille. Une certaine Caroline, d'après ce que Patty m'a*
dit.

3. Patty a décrété qu'il ne fallait rien dire à personne et surtout
pas au juge des tutelles, ni à l'assistante sociale, ni à son patron,
ni à quiconque. Là, je suis d'accord. Ils risqueraient de nous faire
15 *des ennuis. Je vois d'ici le branle-bas juridique : la tutelle remise*
en question, la DDASS, les menaces. On verra plus tard.

4. Nous n'allons rien changer au programme de l'été, tel qu'il a
été admis par l'assistante sociale : Patty travaillera tout le mois
de juillet et nous partirons en août dans la maison de campagne,
20 *en Ardèche. En train, évidemment.*

5. À notre retour… ? C'est l'Inconnu avec un grand I. Le grand RIEN.
Mais nous avons deux mois complets pour nous y préparer.

6. C'est dingue. Complètement dingue.

Enfermée dans ma chambre, je viens d'écrire ces quelques
25 lignes sur un cahier. C'est mardi soir. Le 28 juin, exactement. Il
fait une chaleur moite et étouffante, comme sous les tropiques.
Mes mains transpirent sur le papier.
Depuis l'accident, il m'arrive souvent de parler à papa et maman,

---

4 **accoucher** mettre un bébé au monde – 6 **un boulot** [bulo] *fam* un travail – 7 **pourri** *ici:*
en très mauvais état (→pourrir) – 7 **une piaule minable** *fam* une chambre misérable –
9 **puisque** da ja – 9 **un moins que rien** une personne qui n'a pas de valeur – 12 **décréter**
décider – 15 **un branle-bas** une grande agitation souvent inutile – 16 **une menace**
Drohung (→ menacer) – 23 **dingue** *fam* fou, bizarre – 26 **moite** humide

1   quand je suis seule. Je murmure ce qui me passe par la tête, comme ça, dans le vide. Je n'ai besoin ni de me recueillir sur leur tombe, ni d'ouvrir l'album de photos pour m'adresser à eux. Le mur de ma chambre, le plafond ou la fenêtre font parfaitement
5   l'affaire.

Cette fois, j'ai eu besoin de leur écrire. Je n'ai pas leur adresse, mais peu importe. Je mordille le stylo en relisant mon résumé. Finalement, j'ajoute un septième point :

7. Les épreuves du Brevet sont terminées. J'ai passé le français et
10   *l'anglais aujourd'hui. Comment ai-je pu me concentrer ? Je n'en sais rien. Résultats dans dix jours. Voilà, je suis en vacances.*

---

2 **se recueillir sur leur tombe** aller au cimetière et prier devant la tombe (Grab) de qn

Chapitre 6

1 Le mois de juillet se passe. Je ne sais pas trop comment, mais il passe.

Jeanne, qui est partie le lendemain des épreuves rejoindre son Sénégal natal, me manque déjà. Elle aurait voulu m'emmener
5 dans ses bagages, mais je me voyais mal m'incruster dans sa famille et encore moins abandonner Patty durant un mois complet. Je passe donc mes journées seule, à me promener dans les rues mornes de la ville. Je m'ennuie souvent, rêvasse beaucoup et, pour faire taire les hurlements de détresse qui
10 voudraient parfois sortir de ma bouche, je mange n'importe quoi, n'importe quand. Résultat, je grossis à vue d'œil. C'est un syndrome familial.

Petit intermède dans la langueur généralisée : le 12 juillet, je prends connaissance des résultats du Brevet. Ce n'est pas que
15 j'y accorde moins d'importance qu'au reste, mais disons qu'en regard des soucis qui s'annoncent, même si je l'avais raté, ça n'aurait pas pesé lourd dans la balance. En l'occurrence, je l'obtiens sans problème. Ma note d'histoire me fait même rosir de plaisir : 17 sur 20. Le correcteur a dû apprécier ma dernière
20 phrase.

À propos de grosse, Patty commence à prendre franchement du volume. J'ai l'impression qu'il a suffi qu'elle décide d'aller jusqu'au bout pour que le bébé s'épanouisse, comme un nénuphar au milieu d'une mare. Par chance, le temps pourri
25 de ce début d'été lui permet de garder un pull ample pour aller travailler sans avoir l'air bizarre.

Chaque matin, cependant, c'est la panique dans la salle de bains.

– Ça se voit, non ? me demande-t-elle en se tenant de profil
30 devant le miroir.

---

3 **rejoindre** *ici:* aller à – 4 **le Sénégal** pays en Afrique occidentale, ancienne colonie française – 4 **natal** là où on est né (→ la naissance) – 5 **s'incruster** *fam* charger qn de sa présence – 8 **morne** triste (trübselig) – 8 **rêvasser** rêver – 9 **les °hurlements** *mpl* de détresse les cris de tristesse (Elend) – 10 **n'importe quoi, n'importe quand** egal was, egal wann – 13 **un intermède** [ɛ̃tɛʀmɛd] *ici:* Zwischenspiel – 13 **la langueur** *ici:* l'ennui – 16 **rater** ≠ réussir – 17 **en l'occurrence** dans ce cas – 18 **rosir** devenir rose – 19 **apprécier** aimer beaucoup – 21 **franchement** vraiment – 22 **aller jusqu'au bout** finir – 23 **pour que le bébé s'épanouisse** *ici:* pour que le bébé se développe (→ s'épanouir) – 24 **un nénuphar** Seerose – 24 **une mare** un petit étang (kleiner Teich) – 24 **le temps pourri** *fam* le mauvais temps – 25 **ample** large

1   Nous mesurons la progression de son diamètre ventral à l'aide du mètre de couture de maman.

J'achète un livre à la librairie : *J'attends mon premier enfant.* La caissière me regarde de travers, mais je parviens à afficher

5 un air si détaché qu'elle m'épargne toute remarque. Le soir, je dépose le livre sur le lit de Patty.

– Pff... fait-elle en le découvrant. Tu crois franchement que je vais lire ce truc ?

Elle feuillette les 500 pages avec une moue dépitée. Non, bien

10 sûr, Patty ne va pas le lire. Patty n'a jamais rien lu. C'est tout juste si elle déchiffre les programmes télé.

– Bon, je te ferai un résumé, dis-je en emportant le pavé dans ma chambre.

Je me plonge dans cette lecture instructive et j'apprends

15 ainsi une foule de choses sur la grossesse : les stades du développement du fœtus, les symptômes d'accouchement prématuré, les maladies atroces qui guettent l'enfant si la mère ne fait pas ci ou ça... J'apprends aussi que la grossesse est un moment d'intense bonheur pour la femme.

20 – Est-ce que tu te sens intensément heureuse ? demandé-je à Patty un dimanche.

Elle me regarde comme si je tombais du ciel, puis elle reprend son activité favorite : se vernir les ongles en regardant des nullités à la télé. Bientôt, elle aura du mal à se pencher pour

25 atteindre ses orteils.

Plus tard, dans l'intimité de ma chambre, je m'adresse à maman :

– Est-ce que tu te sentais intensément heureuse quand Patty était dans ton ventre ?

30 Le mur ne bronche pas.

– Et avec moi, quand j'étais dans ton ventre, c'était comment ? Le plafond reste de plâtre.

Les réponses à ces questions-là, je ne les aurai jamais. Je n'ai plus qu'à me les inventer.

35 Je prends mon stylo et je dessine un sourire sur le papier peint. Un sourire, un nez, des yeux, puis une bulle dans laquelle j'écris : « Oui, j'étais heureuse. » Ensuite, je rebouchonne mon stylo, je recule d'un pas et je regarde le mur droit dans les yeux.

---

1 **le diamètre ventral** la taille du ventre (Bauchumfang) – 4 **afficher un air détaché** *ici:* montrer son indifférence – 9 **une moue dépitée** une mine déçue – 12 **un pavé** *ici:* un livre épais (« Schinken ») – 14 **se plonger dans** *ici:* eintauchen in – 15 **la grossesse** les 9 mois du développement d'un fœtus – 17 **prématuré** qui arrive trop tôt – 17 **atroce** horrible – 24 **se pencher** se baisser vers l'avant – 30 **broncher** réagir – 32 **le plâtre** Gips – 37 **rebouchonner** → reboucher, fermer

1 À ce moment, le téléphone sonne. Patty décroche sur le poste
du salon. Je traverse le couloir sur la pointe des pieds et je tends
l'oreille. Dès les premières bribes de conversation, je comprends que c'est Luigi qui est à l'autre bout du fil. Patty adopte
5 un ton froid et désagréable : non, elle ne veut pas le voir. Non,
elle ne l'aime plus, qu'il aille au diable et non, elle ne changera
pas d'avis.
En entendant ces quelques mots, un doute me saisit : et si Luigi
aimait toujours ma sœur ? Et s'il regrettait de l'avoir trompée
10 avec sa Caroline ? Et s'il voulait la revoir, l'aider et assumer la
venue du bébé avec elle ? D'après le livre *J'attends mon premier
enfant*, le père a un rôle important à jouer. C'est lui qui doit
passer ses mains sur le ventre de la future maman en parlant
à l'enfant à travers la peau et les membranes du placenta. C'est
15 lui qui doit se tenir prêt à foncer à la maternité le jour J. C'est
lui qui doit veiller à ce que la chambre de bébé soit belle et
fraîchement repeinte. Alors, si Luigi veut revenir, pourquoi ma
sœur ne lui laisserait-elle pas une seconde chance ? Même si
c'est un crétin, Luigi est peut-être un bon bricoleur ?
20 Patty raccroche le téléphone avec humeur. Je reste un moment
immobile dans le couloir, puis je me décide à rentrer dans le
salon. Je demande, d'une voix innocente :
– C'était qui ?
Patty en est au pied gauche ; très concentrée, elle applique une
25 couche de vernis noir sur le pouce, de blanc sur le suivant, puis
de nouveau de noir, style drapeau en damier au départ d'une
course de formule 1.
– Ce n'était pas le juge des tutelles, j'espère ? insisté-je.
– T'inquiète. C'était une erreur.
30 Flagrant délit de mensonge !
J'ouvre un paquet de madeleines et laisse planer un long silence.
Soudain, entre deux bouchées, je lâche :
– Dans le bouquin, ils disent que le bébé reconnaît la voix de
son père à travers le ventre. C'est marrant, non ?
35 Patty pose le flacon de vernis sur la table basse.
– Vachement marrant.

---

1 **décrocher** répondre au téléphone – 3 **les premières bribes** *fpl* **de conversation** les premiers morceaux de conversation – 4 **à l'autre bout du fil** am anderen Ende der Leitung – 6 **le diable** der Teufel – 10 **assumer** se sentir responsable – 15 **foncer** aller très vite – 15 **la maternité** la partie de l'hôpital réservée aux naissances – 19 **un bon bricoleur** qn qui sait bien tout réparer – 20 **raccrocher** ≠ décrocher – 26 **un damier** Schach- und Damebrett – 28 **insisté-je** j'insiste – 29 **t'inquiète** *ici:* ne t'inquiète pas – 30 **flagrant délit** auf frischer Tat ertappt – 33 **un bouquin** *fam* un livre – 34 **marrant** *fam* drôle – 36 **vachement marrant** *fam* très drôle

1 – Sauf que, ton bébé à toi, il ne l'entend pas souvent…
– Et alors ? Qu'est-ce que tu veux que j'y fasse ? Luigi est parti
avec une autre, basta !
– Et s'il voulait revenir ?
5 Patty me regarde mollement.
– Aucun risque.
– Mais c'est son enfant, quand même !
Elle fronce les sourcils.
– Lâche-moi avec ça, OK ? Je sais ce que j'ai à faire.
10 Je range le paquet de madeleines, penaude. Dans le bouquin,
ils disent aussi que les hormones en folie de la femme enceinte
provoquent des sautes d'humeur. Je décide donc de rester
calme et de ne pas la contrarier. Nous partons en Ardèche dans
quelques jours, ce n'est pas le moment de nous disputer. Au
15 sujet de Luigi, nous aviserons à notre retour.
En attendant, je crains que le rôle du père ne soit pour ma
pomme…
– Tu ne penses pas qu'on devrait repeindre la chambre d'amis ?
dis-je.
20 – Je pense que tu devrais arrêter de lire ce bouquin, rétorque
Patty en bouchant ses flacons de vernis.

Le matin de notre départ, je descends frapper chez la concierge.
Sans rien dire à Patty, j'ai décidé de lui laisser l'adresse de notre
25 lieu de vacances.
– Au cas où, lui dis-je.
– Et le téléphone ? me demande-t-elle.
Je hausse les épaules. Il n'y en a pas, là-bas. Papa et maman
n'ont pas eu le temps de le faire installer. Quant au portable, il
30 ne captera sans doute pas le réseau.
– Vous savez, c'est vraiment un coin paumé, précisé-je à la
concierge.
– Alors, bonnes vacances ! me lance-t-elle. Votre sœur a l'air
d'en avoir besoin.
35 Je hoche la tête et je remonte finir les bagages. Patty est fatiguée,
ça saute aux yeux. Même son fond de teint « poudre de soleil »
ne parvient pas à masquer ses traits tirés.
Une fois nos valises bouclées, en attendant le taxi qui doit nous
emmener à la gare, je m'allonge un instant sur mon lit.

---

9 **lâche-moi** *fam* laisse-moi tranquille – 10 **penaud** kleinlaut – 11 **en folie** *ici:* excité – 16 **je crains que le rôle du père ne soit pour ma pomme** je pense que je vais jouer le rôle du père – 29 **le portable ne captera pas le réseau** le portable ne fonctionnera pas à cet endroit – 31 **un coin paumé** un endroit perdu – 38 **bouclé** *fam* fermé

1 Pourquoi papa et maman ont-ils décidé de partir en voiture,
ce jour d'octobre ? Ils auraient pu faire comme nous, prendre
le train… et alors, rien de tout cela ne serait arrivé. Seulement,
bien sûr, papa et maman avaient besoin de la voiture, je le sais.
5 Notre maison d'Ardèche est située dans un hameau minuscule,
au bout d'une route, au bout du monde, à huit kilomètres de la
première épicerie.
En été, le boulanger et le boucher y montent en camionnette, on
peut se débrouiller pour faire du stop ou pour se faire ravitailler
10 par les vacanciers de passage, mais, dès la fin septembre, le
hameau redevient désert et plus personne ne passe sur la route.
Ils ont donc pris la voiture. La vieille R5 beige, ce tombeau
roulant dont papa repoussait sans cesse la mise au rancart en
disant qu'il préférait consacrer son salaire aux travaux dans la
15 maison de campagne plutôt qu'à l'achat d'une voiture neuve.
– Tu l'aimais, hein, papa, cette vieille baraque ?
Je regarde le dessin du bonhomme sur le mur.
Je me souviens du premier été passé là-bas. J'avais dix ans et
Patty quinze, justement. Papa était si fier de son tas de ruines ! Il
20 nous avait fait rire en menant la visite : « Ici, la cuisine ! (une salle
en terre battue, pleine de toiles d'araignée). Là, l'eau courante !
(une pompe rouillée dans la cour). Et voici la salle de bains (un
cagibi obscur) et la suite royale (le grenier au plancher pourri). Le
tout est bien sûr équipé du chauffage central ! (la cheminée). » Il
25 rayonnait de bonheur. Lui, Michel Yazinsky, seul rescapé d'une
famille d'immigrés polonais pauvre comme Job, propriétaire
d'une maison de campagne ! Quelle revanche ! Cette maison
lui promettait le bonheur, tout simplement. Et c'est la raison
pour laquelle Patty et moi avons refusé catégoriquement de la
30 vendre, comme nous incitait à le faire le notaire qui s'est occupé
de la succession.
– Tu l'aimais tant, hein, papa ? répété-je à voix haute.
Je me lève et, avec le stylo, je dessine un second visage rigolard
sur le papier peint. Cette fois, j'inscris dans la bulle : « Oui, je
35 l'adorais. »
– Mado !! appelle Patty depuis l'entrée. Le taxi est en bas de

---

5 **un °hameau** Weiler – 9 **ravitailler** acheter de la nourriture – 12 **la R5** la Renault 5 –
12 **un tombeau** Grab – 13 **la mise au rancart** *ici:* quand on se sépare de qc qui ne marche
plus – 21 **la terre battue** gestampfter Boden – 21 **une toile d'araignée** Spinngewebe –
23 **un cagibi** une toute petite pièce – 23 **le grenier** Dachboden – 25 **un rescapé** qn qui
survit – 26 **pauvre comme Job** arm wie eine Kirchenmaus – 31 **la succession** les biens
qu'une personne laisse en mourant – 33 **rigolard** *fam* qui rit

1 l'immeuble !
Je sens mon cœur s'emballer dans ma poitrine. Je passe une main tremblante sur le mur, caressant les sourires figés des deux bonshommes et je chuchote :
5 – Bonnes vacances, tous les deux. Soyez sages. Je vous promets de bien m'occuper de tout : de la maison de campagne et de Patty.
Je claque la porte.
Dans mes bagages, j'ai pris la précaution de glisser *J'attends*
10 *mon premier enfant,* ainsi que le nécessaire à pharmacie recommandé p. 67 : des cachets contre les contractions utérines, contre les brûlures d'estomac, la diarrhée, les allergies et les nausées, ainsi que des vitamines.
Quant à Patty, je me doute bien que ses valises sont bourrées
15 jusqu'à la gueule de vêtements, de cosmétiques, de disques de variétés et de magazines féminins traitant du très sérieux problème de la drague en boîte de nuit. L'été a toujours accentué (si c'est encore possible) l'atrophie mentale dont ma pauvre frangine est victime.

---

2 **s'emballer** s'exciter – 11 **des cachets** *mpl* des pilules – 11 **des contractions** *fpl* **utérines** Wehen – 12 **la diarrhée** Durchfall – 13 **la nausée** Brechreiz – 14 **bourré jusqu'à la gueule** *fam* plein à craquer

Chapitre 7

1 Après six heures de voyage dans la chaleur, nous prenons un autre taxi devant la gare d'Aubenas.
– Monter à Vimoulenc ? Pas de problème ! On passe par la route de la grange Mont…
5 – Non !!
Patty et moi avons crié en même temps. Le chauffeur de taxi nous dévisage avec méfiance. Qui sont ces deux folles de Parisiennes qui hurlent des « non » catégoriques alors qu'il n'a même pas fini sa phrase ?
10 – Excusez-nous, dis-je avec un sourire contrit. Nous préférons la route qui passe par Peyras.
– Ça rallonge, s'étonne le chauffeur.
– Ça ne fait rien ! On la préfère vraiment !
– Comme vous voudrez, mesdemoiselles ! C'est vous qui
15 payez !
Il referme le coffre où sont entassées nos valises. Quand Patty se cale à côté de moi à l'arrière, je constate qu'elle est à bout de forces.
– Tu devrais boire, lui dis-je doucement.
20 Elle prend sa mine d'enfant boudeuse :
– Y'a plus de Coca.
– J'ai de l'eau. Tiens, elle est encore presque fraîche.
Elle repousse la bouteille et se renfrogne. Je ne voudrais pas ramener ma science toute neuve sur les femmes enceintes,
25 mais Patty est loin d'absorber les deux litres d'eau nécessaires… et je n'ai lu nulle part que le Coca soit recommandé par les spécialistes.
Le taxi démarre. Nous restons silencieuses, chacune le nez collé à une fenêtre. Le chauffeur doit encore se demander pourquoi
30 nous préférons le chemin le plus long et le moins commode. Ce qu'il ignore, c'est que plus jamais nous n'emprunterons la petite départementale que l'on appelle la route de la grange Montée. Il ne se souvient peut-être même pas que, depuis cette même route neuf mois plus tôt, une petite R5 beige a fait un
35 saut de l'ange dans le ravin… Heureusement qu'un autre accès

---

2 **Aubenas** ville sur l'Ardèche – 3 **Vimoulenc** la commune où se trouve la maison de vacances – 4 **une grange** Scheune – 7 **dévisager** regarder avec insistance – 7 **la méfiance** ≠ la confiance – 16 **le coffre** Kofferraum – 17 **se caler** se blottir – 17 **elle est à bout de forces** elle n'en peut plus – 23 **se renfrogner** faire une moue – 28 **démarrer** se mettre en marche – 32 **une départementale** une petite route construite par le département – 35 **le saut de l'ange** *ici:* la chute mortelle dans le vide

est possible jusqu'au hameau, sinon Patty et moi n'aurions
peut-être pas eu le courage de revenir.

Huit kilomètres avant l'arrivée, nous demandons au taxi de
nous arrêter à l'épicerie du village. Je laisse Patty se reposer
dans la voiture, tandis que je dévalise les rayonnages : pâtes,
riz, patates, boîtes de conserve, je ne fais pas dans la nuance,
mais cela nous permettra de tenir plusieurs jours en autarcie
complète.

Lorsque je reviens au taxi, Patty s'est endormie, vaincue. Un
filet de bave dégouline sur son menton. À la voir dormir comme
ça, on lui donnerait la moitié de son âge… Qui pourrait penser
qu'elle sera maman dans un mois et demi ?! Je pousse un soupir,
puis je charge les courses et nous reprenons l'ascension.

À présent, le chauffeur de taxi s'est un peu détendu ; il s'essaie
à la conversation :

– Alors, comme ça, vous êtes en vacances ?

– Oui, marmonné-je.

– Vous connaissez le coin, on dirait.

– On vient ici tous les étés, depuis cinq ans.

– Ah ! C'est bien, c'est bien… mais c'est franchement perdu,
là-haut, non ? Y'a bien que les vacanciers pour apprécier
cette solitude. Nous autres, on a besoin d'un peu plus. Moi,
je ne pourrais pas vivre sans un minimum sous la main : une
boulangerie, un café pour faire mon PMU…

Je le laisse parler, sans lui prêter trop attention. Les virages me
donnent un peu mal au cœur.

– Ben dites ! s'exclame encore le chauffeur en jetant un coup
d'œil dans son rétro. Elle dort comme un bébé, votre copine !

– Ce n'est pas ma copine, c'est ma sœur.

– Vous deux ? Sœurs ? Oh, ben ça ! J'aurais parié que non !

– On ne se ressemble pas beaucoup, c'est vrai…

– Une qui tient du père, l'autre qui tient de la mère, pas vrai !

Je sens ma gorge se nouer de plus en plus. Incapable de
répondre à cette dernière remarque et espérant chasser mon
envie d'éclater en sanglots, je baisse la vitre pour que le vent me
fouette le visage.

Quand papa et maman étaient en vie et que nous sortions tous
les quatre, il se trouvait toujours un quidam pour nous faire ce

---

5 **dévaliser** *fam* vider – 5 **les rayonnages** *mpl* les rayons de l'épicerie – 7 **l'autarcie** *f*
Selbstversorgung – 10 **la bave** Speichel – 10 **le menton** Kinn – 13 **l'ascension** [asɑ̃sjõ] *f*
la montée – 14 **détendu** ≠ tendu (entspannt) – 21 **y'a bien que** il n'y a que – 24 **PMU**
Pari Mutuel Urbain (Pferdewetten) – 36 **fouetter** [fwete] frapper – 38 **un quidam** *fam*
quelqu'un

1 genre de réflexion : « Vous vous êtes bien partagé la tâche, les
Yazinsky ! Mado ressemble à Monsieur et Patty est le portrait
craché de Madame ! » Ça nous a toujours agacés, mais il faut
croire que c'était vrai.

5 Ma nausée s'estompe à mesure que je reconnais les paysages.
Nous approchons de la maison. Je remonte la vitre et je donne
une petite bourrade à Patty pour la réveiller. Mais elle reste
désespérément au pays des songes.

– Vous en faites pas, me dit doucement le chauffeur, quand je
10 vais couper le moteur, elle se réveillera toute seule.
Je croise de nouveau son regard dans le rétro intérieur. Il me fixe
gravement.

– Vous devriez regarder la route, dis-je.
Il baisse les yeux.

15 – Je suis désolé, mademoiselle… Je vois bien que j'ai gaffé, tout
à l'heure. Mais je n'avais pas fait le rapprochement, vous savez.
Je l'écoute sans comprendre, les sourcils froncés. Il continue :
– Je viens de me souvenir… Le hameau de Vimoulenc, l'ancienne
baraque du père Bastide, c'est bien vous ?

20 – Oui, dis-je dans un souffle.
Par ailleurs, il n'avait pas beaucoup de chance de se tromper :
sur les quatre maisons du hameau, deux seulement ont été
rachetées, dont une par des Hollandais, l'année dernière
seulement.

25 – C'est vous alors… les filles de…
Sa voix déraille. Il ne sait plus comment dire. Je décide d'achever
à sa place ; j'ai l'habitude, maintenant.
– … de M. et Mme Yazinsky, oui. Ceux qui sont morts sur la
route de la grange Montée, à l'automne dernier.

30 J'ai prononcé ces mots comme j'ai pu, avec un peu trop de
froideur sans doute, mais, au moins, c'est dit. Le chauffeur en
est tout retourné.
– Je suis… Je suis vraiment désolé… murmure-t-il.
Ensuite, le silence retombe entre nous, comme un rideau de

35 théâtre. Ça aussi, j'ai l'habitude, maintenant. Et, somme toute,
je préfère un bon silence bien lourd à la fausse compassion de
certaines personnes.

---

2 **le portrait craché** la copie parfaite – 3 **agacer** énerver – 5 **s'estomper** [sɛstɔ̃pe]
disparaître – 6 **donner une bourrade à qn** pousser qn légèrement – 8 **un songe** un rêve –
9 **vous en faites pas** ne vous faites pas de souci – 10 **couper le moteur** arrêter le moteur –
11 **le rétro intérieur** Rückspiegel im Wageninnern – 12 **gravement** sérieusement – 15 **je
suis désolé** es tut mir leid – 15 **j'ai gaffé** fam ich bin ins Fettnäpfchen getreten – 16 **je
n'ai pas fait le rapprochement** je n'ai pas tout de suite compris – 26 **sa voix déraille**
seine Stimme entgleist – 36 **la compassion** la pitié

35

1 Quand le taxi s'arrête devant la maison, j'éprouve un immense
   soulagement. Enfin, nous y sommes! Comme l'avait prédit le
   chauffeur, Patty sort de ses limbes instantanément.
   – Putain, c'est pas trop tôt, bougonne-t-elle en s'étirant.
5 Le chauffeur nous aide à débarrasser le coffre et, tandis que
   Patty ouvre la maison, il transporte les valises et les courses
   dans le jardin, à l'ombre du figuier.
   – Merci pour la course, lui dis-je en lui tendant deux billets.
   – Vous restez tout le mois d'août ? me demande-t-il en cherchant
10 sa monnaie.
   – Oui. Jusqu'au 29.
   – Ça me ferait plaisir de vous raccompagner, me dit-il en
   souriant. Voici ma carte de visite, avec mes coordonnées
   personnelles.
15 J'accepte le petit carton sans lui préciser que nous n'avons pas
   le téléphone.
   Une fois le taxi parti, je m'attarde un moment, figée sur le
   bord du chemin. La poussière soulevée par les pneus reste en
   suspension dans l'air immobile. Il fait encore très chaud ; il n'y a
20 pas un souffle de vent, pas un bruit en dehors des cigales.
   – Ouh ouh! Mado! m'appelle Patty depuis la fenêtre de sa
   chambre.
   Je lève les yeux. Dans la lumière du soir, la tête ébouriffée de ma
   sœur apparaît entre les volets bleus. Je souris. Nous sommes le
   2 août. Les vacances commencent enfin.

2 **le soulagement** Erleichterung – 3 **les limbes** *mpl ici:* le sommeil – 4 **bougonner**
murmurer – 4 **s'étirer** sich strecken – 7 **un figuier** Feigenbaum – 13 **les coordonnées**
[kɔɔʀdɔne] *fpl* **personnelles** le nom, l'adresse, le numéro de téléphone, l'adresse
électronique de qn – 17 **s'attarder** prendre son temps – 17 **être figé** rester sans bouger –
18 **la poussière** Staub – 18 **rester en suspension** rester comme suspendu en l'air – 20 **une**
cigale Zikade – 23 **ébouriffé** en désordre – 24 **un volet** Fensterladen

Chapitre 8

3 août

1　– Alors, Patty ? Tu te dépêches ou quoi ?
Ça fait une heure que j'attends, en maillot de bain, et ma
serviette autour du cou, que madame daigne sortir de sa
chambre. Je crève de chaud. Si on attend encore, l'eau de la
5　rivière a le temps de s'évaporer.
　　– Je ne peux pas venir ! finit par me crier Patty à travers la
porte.
En entendant sa voix geignarde, je pâlis.
　　– Qu'est-ce qui se passe ? Tu es malade ?
10　Soudain, la porte s'ouvre en grand et Patty apparaît, le visage
ravagé de larmes. Son Rimmel a coulé et de grosses traces
noirâtres zèbrent ses joues. Pendant une seconde, je repense
à un chapitre de *J'attends mon premier enfant*, intitulé : « Les
passages à vide, le blues des hormones ».
15　– T'as un coup de cafard, énoncé-je doctement.
　　– Ben oui ! explose Patty. T'as vu l'allure que j'ai en maillot ? On
dirait une lampe de chevet !
Je hausse les sourcils, masquant mon envie de rire derrière ma
main.
20　– Vas-y sans moi ! s'exclame-t-elle encore. Je suis la reine des
horreurs !
　　– Mais pas du tout ! T'es folle de dire ça, Pat ! Tu as un ventre
rond, c'est tout ! Le reste n'a pratiquement pas bougé ! Allez,
viens !
25　– Non.
OK, il va falloir argumenter.
　　– Il n'y a personne à la rivière, dis-je. On sera juste toutes les
deux ! Et puis tu ne vas pas rester enfermée tout le mois sous
prétexte que…
30　– Je me déteste ! hurle Patty en recommençant à pleurer. J'aurais mieux fait d'avorter, tiens ! Au moins, ça ne m'aurait pas
gâché les vacances !

---

3 **daigner** sich herablassen – 4 **crever de chaud** *fam* avoir très chaud, presque à en
mourir – 5 **s'évaporer** disparaître (verdampfen) – 8 **geignard** *fam* qui se plaint et pleure
(→ geindre) – 11 **le Rimmel** Wimperntusche – 12 **noirâtre** un peu noir – 12 **zébrer** rayer
(→ le zèbre) – 12 **la joue** Wange – 15 **un coup de cafard** une attaque d'idées noires –
15 **doctement** de manière savante – 17 **une lampe de chevet** Nachttischlampe – 28 **sous
prétexte que** unter dem Vorwand, dass

1   Cette fois, je n'ai plus envie de rire. C'est du sérieux. Le maillot a
    été l'étincelle et, maintenant, on dirait bien qu'il y a le feu. Patty
    manque de me claquer la porte au nez, mais j'ai le temps de la
    bloquer du bout de mes tennis.

5   – Écoute, Patty… dis-je en la suivant dans sa chambre, tu ne
    peux plus revenir en arrière, maintenant. Je croyais que tu étais
    contente de l'avoir gardé, ce bébé…
    Elle se jette sur le lit, au milieu d'une marée de vêtements roulés
    en boule. Des sanglots lui secouent les épaules. J'aimerais lui di-
10 re de ne pas s'allonger sur le ventre, position peu recommandée
    à sept mois et demi de grossesse, mais je sens que ce n'est pas le
    moment de jouer les mères-la-sagesse.
    – Tu ne peux pas savoir ce que ça fait, hoquette-t-elle. Toi, t'as
    la chance d'être encore vierge, ma vieille ! Reste-le jusqu'au
15 mariage, conseil d'amie !
    Je reste interdite et le rouge me monte aux joues aussitôt. Le
    franc-parler de Patty me met souvent mal à l'aise, mais là,
    j'avoue que c'est le pompon.
    – Pour le moment, on parle de toi, dis-je prudemment.
20 – Moi, moi, moi… toujours moi !
    – Ben oui, c'est comme ça. Et tu veux que je te dise un truc ? Je
    préfère qu'on parle de toi plutôt que de papa et maman ! C'est
    quand même moins grave d'être enceinte que d'être mort,
    non ?
25 Cette fois, c'est à mon tour de faire mouche. Je vois les épaules
    de Patty se figer. Les sanglots s'arrêtent d'un coup. Après un
    moment, elle retourne vers moi sa face dévastée par les torrents
    de Rimmel.
    – Tu peux me répéter ça, Mado ?
30 Je ne sais pas trop si c'est du lard ou du cochon : va-t-elle me
    remercier ou me coller une claque ? Tant pis, au point où on en
    est, je répète :
    – C'est moins grave d'être enceinte que d'être mort, pas vrai ?
    Patty me regarde avec des yeux ronds, sans bouger.
35 – J'avais jamais pensé à ça, murmure-t-elle enfin.

---

2 **une étincelle** une petite lumière – 4 **les tennis** [tenis] *mpl* les chaussures de sport –
9 **une boule** Kugel – 12 **les mères-la-sagesse** *fpl* les femmes supérieures parce qu'elles
possèdent la sagesse – 13 **°hoqueter** schluchzen – 14 **être vierge** Jungfrau sein – 14 **ma
vieille** *fam* ma chère – 17 **le franc-parler** la liberté de dire ce qu'on pense – 18 **c'est le
pompon** *fam* das ist die Krönung – 21 **et tu veux que je te dise un truc** *fam* und soll ich
Dir 'mal 'was sagen – 25 **faire mouche** ins Schwarze treffen – 27 **le torrent** *ici:* la grande
quantité – 30 **ne pas savoir si c'est du lard ou du cochon** *fam* ne pas savoir de quoi il
s'agit – 31 **coller une claque** *fam* donner un coup du plat de la main sur la joue

1   Moi, j'y pense sans cesse depuis des semaines. Je me repasse cet
axiome en boucle quand je sens la panique m'envahir.
Patty s'assied sur le lit, en tailleur. Elle renifle, s'essuie le nez
sur un bras et continue de me dévisager avec un mélange de
5   reconnaissance et de crainte.
  – T'as trouvé cette phrase dans un de tes foutus bouquins, c'est
ça ?
  – Si ça peut te rassurer...
  – Ouais, ça me rassurerait, avoue Patty. Des fois, j'ai l'impression
10 que toute la réserve d'intelligence familiale est tombée de ton
côté et que j'ai juste été éclaboussée par deux-trois gouttes, si tu
vois ce que je veux dire.
  – Je vois ce que tu veux dire. Mais ce n'est pas comme ça que ça
se passe, Patty. Tu es aussi intelligente que moi...
15 – ... mais d'une « intelligence différente », je sais ! soupire Patty
en levant les yeux au plafond. Maman n'arrêtait pas de me le
dire.
Je m'assieds à côté d'elle, soulagée d'avoir endigué le raz de
marée.
20 – Maman te disait ça ? demandé-je, curieuse.
  – Ouais. Quand tu me filais des complexes.
Je m'étrangle :
  – Moi ? Je te filais des compl...
  – Mado est si vive, si intelligente, si curieuse, si réfléchie ! récite-
25 t-elle les profs. Tu crois pas que ça fout les boules d'entendre ça
en permanence ?
  – Je croyais que tu t'en fichais...
  – Là, tu manques de finesse, petite sœur !
Je souris, pour donner le change.
30 – Toi aussi, tu me donnes des complexes, dis-je à mi-voix.
  – Arrête, Mado, te fatigue pas. C'est fini, maintenant, je ne
souffre plus, va ! T'es le cerveau de la bande et moi, je suis...
Elle hésite un instant, puis sourit de toutes ses dents.
  – ... je suis le ventre !
35 Là-dessus, elle éclate de rire. Bon, pour le moment du moins, le
coup de blues est passé. Je remballe mes aveux et je lui donne
une claque sur la cuisse :

---

2 **je me repasse cet axiome en boucle** j'y pense toujours sans en parler – 3 **en tailleur**
im Schneidersitz – 6 **foutu** *fam ici:* maudit (verflucht) – 11 **éclaboussé** *ici:* bespritzt –
18 **endiguer** arrêter – 18 **le raz** [ʀɑ] **de marée** les flots (Flut) – 21 **filer** *fam ici:* donner –
22 **s'étrangler** ne plus pouvoir parler – 25 **foutre les boules** *fam* énerver – 26 **en
permanence** toujours – 27 **s'en ficher** *fam* s'en moquer – 32 **la bande** *ici:* la famille –
36 **remballer** garder pour soi – 36 **un aveu** Geständnis (→ avouer) – 37 **la cuisse**
Oberschenkel

1 – Alors, cette baignade ? C'est pour aujourd'hui ou pour demain ?

Patty se lève d'un bond et passe une main sur son abdomen rebondi.

5 – Allons-y ! Bébé va faire trempette !

La rivière qui serpente en contrebas du hameau est un merveilleux endroit. Maman adorait y passer des journées entières. Elle paressait sur le rocher plat, plongeait dans le
10 trou d'eau et, parfois, elle nageait plus loin, jusqu'aux rapides. Maman était un véritable poisson.

Ce goût de l'eau remontait à son enfance passée en bord de mer, à Kelibia, en Tunisie. Elle nous racontait souvent qu'elle s'était mise à nager presque instinctivement à l'âge de trois
15 ans. L'eau était son domaine, son élément. Pendant des années, sacrifiant les grasses matinées, elle s'était levée avant l'aube pour pouvoir accompagner son père qui partait pêcher dans son canot à moteur. Ils attendaient que ça morde, en silence, juste tous les deux, jusqu'à ce que le soleil soit trop ardent pour
20 être supportable, ensuite de quoi, ils se jetaient à l'eau et se baignaient longuement, en pleine mer, loin de tout et de tous.

En l'écoutant, je me disais que j'aurais eu un grand-père formidable s'il n'était pas mort, et je regrettais de ne pas l'avoir connu. La famille de maman a été décimée, bien longtemps
25 avant ma naissance. Mon grand-père est mort d'une infection brutale et inexpliquée, ma grand-mère d'une tumeur au cerveau, et mon oncle lors d'un accident pendant son service militaire. Ces histoires morbides m'ont toujours fascinée – je trouvais ça romantique, même ! – mais, maintenant que papa et maman ne sont eux-mêmes plus là, je trouve ça moins drôle.
30 Je me demande parfois si le sort ne s'acharne pas à détruire cette famille. Secrètement, j'espère qu'avec son bébé ma sœur mette fin à la malédiction… Qui sait ?

– Merde ! s'exclame Patty. Regarde ! On n'est pas seules !

Je sors de ma rêverie. Sur le rocher plat de maman, deux
35 serviettes de bain sont étalées au soleil.

– Je remonte ! déclare Patty en faisant volte-face.

– Pas question ! dis-je en l'attrapant par le bras. Maintenant

---

3 l'**abdomen** [abdɔmɛn] *m* le ventre – 5 **faire trempette** prendre un bain rapide (→ tremper) – 6 **serpenter** ≠ aller tout droit – 6 **en contrebas** en dessous – 10 **les rapides** *mpl* Stromschnellen – 16 **l'aube** *f* le début du jour – 18 **que ça morde** → mordre (anbeißen) – 19 **ardent** très chaud, brûlant – 24 **décimer** tuer beaucoup de personnes en peu de temps – 28 **morbide** maladif – 32 **la malédiction** la fatalité – 36 **faire volte-face** retourner

₁ qu'on a descendu tout le chemin, on reste !
Patty fait la grimace.
– Tu crois que ce sont les Hollandais ?
L'année dernière, nous n'avions fait que croiser le couple de
₅ Hollandais qui a racheté l'autre maison du hameau. Ils avaient
fait des travaux tout le mois de juillet et ils étaient partis le
lendemain de notre arrivée.
Nous nous approchons du rocher et, au même moment, deux
têtes surgissent du trou d'eau. Deux têtes avec des masques de
₁₀ plongée et des tubas. Je sens Patty se raidir. Elle tient sa serviette
serrée sur son ventre, comme si elle avait peur qu'on la lui
vole.
– Bonjour, dis-je timidement.
Les deux plongeurs nous répondent d'un signe de la main.
₁₅ – Pff… enrage Patty, je n'ai plus envie de me baigner
maintenant…
Je l'entraîne quand même vers la rive, puis j'étends ma serviette
dans les herbes. Le soleil de l'après-midi, haut dans le ciel sans
nuage, cogne dur sur nos épidermes encore pâles.
– Allez, viens… dis-je à Patty. Une fois dans l'eau, personne ne
₂₀ verra ton ventre !
Elle se laisse faire, de mauvaise grâce, puis finit par se glisser
dans la rivière, en réprimant des petits cris au contact de l'eau
froide. Moi, je plonge direct, avec un bonheur intense. D'avoir
repensé à maman me donne envie de nager comme elle, de
₂₅ plonger comme elle, de vivre comme elle. Comme un poisson.
Durant de longues minutes, je passe d'un rocher à l'autre,
descendant plus loin vers les rapides, puis remontant le courant
sous l'eau, sans prêter attention aux deux étrangers qui sont
maintenant sortis pour se sécher. Mais lorsque j'émerge au
₃₀ milieu du trou d'eau, je croise le regard de l'un d'eux. C'est un
garçon, un peu plus âgé que moi sans doute, qui m'observe en
souriant.
– Tu bien nager ! me lance-t-il dans un français hésitant.
– Merci, dis-je.
₃₅ Je cherche Patty des yeux. Elle barbote le long de la rive, dans
trente centimètres d'eau. Lorsque je la rejoins, je constate
qu'elle claque des dents.

---

8 **deux têtes surgissent** →surgir (auftauchen) – 9 **un masque de plongée** Tauchermaske –
10 **un tuba** Schnorchel – 14 **un plongeur** qn qui plonge – 17 **la rive** le bord de l'eau –
19 **cogner dur** frapper dur – 19 **l'épiderme** [epidɛʀm] *m* la peau – 29 **émerger** [emɛʀʒe]
apparaître à la surface de l'eau – 33 **un français °hésitant** un français pas trop correct –
35 **barboter** s'agiter dans l'eau – 37 **claquer des dents** mit den Zähnen klappern

1 – Pourquoi tu ne sors pas ? Tu es gelée !
Elle désigne le rocher plat où sont installés les deux Hollandais.
– Tu crois qu'ils vont se barrer bientôt ?
Je me retourne. À côté du garçon qui m'a adressé la parole,
5 j'avise son frère aîné, debout, enroulé dans sa serviette. Il a l'air
d'avoir l'âge de Patty. Bronzé, musclé, les cheveux hérissés par
la baignade, il est beau comme un acteur de cinéma. Le comble
de l'embarras !
– Mais enfin, Pat, tu ne vas pas mourir de honte quand même ! Si
10 tu lui tournes le dos, je suis sûre qu'il ne verra pas ton ventre…
– Facile à dire ! Ce mec me reluque depuis tout à l'heure !
Je sors de l'eau la première et attrape la serviette de ma sœur.
– Allez, dépêche-toi, fais pas ta chochotte !
Les lèvres bleues de froid, Patty accepte de remonter sur la rive,
15 se contorsionnant de son mieux pour cacher son ventre avant
de se camoufler dans la serviette.
– Vous habite là ? nous demande soudain l'acteur de cinéma.
– Oui. Vacances ! dis-je.
– Oh ! s'écrie l'autre, nous vacances aussi !
20 Nous sourions bêtement. Le plus jeune brandit un paquet de
gâteaux :
– Petit faim ?
Patty et moi échangeons un regard. Je souffle :
– On y va ?
25 Un instant après, nous sommes tous les quatre assis sur le
rocher plat, en train de manger des biscuits hollandais. Patty
s'est arrangée pour nouer sa serviette façon paréo, et bien malin
celui qui devinerait son état.
Les deux garçons nous racontent qu'ils ont vu un très gros
30 poisson dans le trou d'eau. À grand renfort de mimiques, ils
nous expliquent qu'ils ont failli l'attraper. Patty se détend peu
à peu.
– Vous connaît mon pays ? lui demande l'aîné.
Patty sourit, charmée.
35 – Amsterdam ! Oui, je connais ! Les canaux, le port, les
bicyclettes…
Je secoue la tête en la regardant… Et l'hôpital, Patty ? Tu oublies
l'hôpital !

---

3 se barrer *fam* partir – **6 °hérissé** dressé – **8 l'embarras** *m* une situation difficile – **11 le
mec** [mɛk] *fam* le garçon – **11 reluquer qn** *fam* regarder qn avec curiosité – **13 une
chochotte** *fam* une personne snob – **15 se contorsionner** sich verrenken – **16 se
camoufler** se cacher – **27 bien malin celui qui devinerait son état** celui qui devine
que Patty attend un bébé doit être bien malin – **31 se détendre** se laisser aller

Chapitre 9

8 août

1   Comme chaque après-midi depuis que nous sommes ici, Daan
et Sander, les deux Hollandais, viennent nous chercher pour
aller à la rivière. Ils arrivent vers deux heures, leur serviette
roulée autour du cou, et frappent à la porte-fenêtre de la
5   cuisine. Je les fais entrer un moment, le temps que Patty achève
de se pomponner dans la salle de bains. En quelques jours, c'est
devenu un rituel.

Daan et Sander sont adorables. Nous avons fait la connaissance
de leur mère, Britt, qui parle bien mieux français que ses fils et
10 qui nous a servi d'interprète. Daan a dix-neuf ans, et Sander,
seize. Ils vivent à Amsterdam. Leur père a dû repartir plus tôt
pour travailler.

Quand Britt a su que nous étions orphelines, elle a dit un truc
dans sa langue. À mon avis, ça voulait dire quelque chose du
15 genre : « Mon Dieu, que c'est triste ! » Ensuite, elle a traduit pour
Daan et Sander, qui ont fait une sacrée drôle de tête !

Heureusement, on ne s'est pas étendus plus longtemps sur
le sujet. Quant à la grossesse de Patty, c'est un tabou quasi
religieux. Interdiction absolue d'en parler, sous peine de
20 fâcherie éternelle. Message reçu.

Donc, pour éviter d'avoir à s'expliquer sur sa protubérance
ventrale, Patty a adopté le style baba cool. Elle a dégotté de
vieilles robes que maman avait entreposées dans un placard et
elle les a remises au goût du jour. Le look hippie des années 70
25 a beaucoup d'avantages : c'est léger, très large et parfaitement
informe. Je trouve que ça va bien à Patty, et Daan a l'air d'accord
avec moi.

Une fois qu'elle nous a rejoints, nous descendons tous les
quatre le chemin creux qui mène à la rivière. Sander et moi
30 devant, Patty et Daan derrière. Nous cueillons des mûres en
nous piquant les doigts, je baragouine en anglais avec Sander à
propos de tout et de rien, le temps est splendide, et ces quelques
jours ressemblent presque au bonheur.

---

6 **se pomponner** [pɔ̃pɔne] sich herausputzen – 10 **servir d'interprète** traduire – 16 **une
sacrée drôle de tête** *fam* avoir une mine bizarre, étrange – 19 **sous peine de fâcherie
éternelle** sinon, on sera fâché pour toujours – 20 **un message** une information –
21 **la protubérance ventrale** le gros ventre – 22 **dégotter** *fam* trouver – 30 **une mûre**
Brombeere – 31 **baragouiner** *fam* parler une langue étrangère en faisant beaucoup de
fautes

1 Patty ne se baigne pas, évidemment. Son maillot de bain est
définitivement rangé et elle a expliqué à Daan qu'elle était
allergique à l'eau ! Tu parles d'une trouvaille ! N'empêche, son
beau cavalier a avalé l'histoire sans tiquer, ce qui, à mon avis,
5 est un signe de grande intelligence plutôt que de naïveté. S'il a
compris qu'il devait éviter de contrarier Patty, il a tout compris.
Elle reste donc assise sur le rocher pendant que nous nous
baignons. Pour la divertir, Daan lui a confié sa caméra DV et
Patty nous filme dans nos exploits : plongeons du haut de la
10 muraille (quatre mètres), saut de l'ange, acrobaties aquatiques.
Le soir, quand nous remontons au hameau, Daan et Sander
nous invitent chez eux pour qu'on visionne le film du jour sur
la télé du salon. Leur maison, bien qu'ils ne l'aient acquise que
l'été dernier, est beaucoup mieux équipée que la nôtre. Il y a
15 même un baby-foot, ce qui donne l'occasion à Patty, vu son
entraînement intensif chez Lolo, de briller aux yeux de Daan.
Britt, qui est artiste peintre, passe toutes ses journées dans la
nature, avec ses toiles et ses pinceaux. Quand elle revient de
ses promenades, elle regarde les films avec nous, en riant et en
20 poussant des cris d'horreur lorsqu'elle voit les risques pris par
ses deux fils.
– Ils veulent vous empressionner, nous dit-elle. Mais il faut faire
prudence avec les rochers…
– T'inquiète, lui lance Patty, on maîtrise la situation !
25 Moi, je crois au contraire que nous ne maîtrisons plus rien. Les
deux Hollandais nous rendent complètement fadas. Je pense
à Sander tout le temps, je rêve de lui, je soupire sans m'en
rendre compte, je ris comme une hystérique… et je détecte les
mêmes symptômes chez Patty, concernant Daan. Envolées les
30 questions fondamentales sur la vie et la mort et les inquiétudes
à propos du bébé, des choses à faire, à cacher ou à mentir ;
effacés les larmes, les coups de cafard et les crises de désespoir :
nous sommes légères et futiles comme l'été, et je dois dire que
ça fait un bien fou !
35 Bien entendu, il y a cette énervante petite voix qui me parle
depuis les profondeurs de mon cortex et qui me met en garde :

---

3 **tu parles d'une trouvaille** tu parles d'une excuse – 4 **avaler qc sans tiquer** *fam*
accepter qc sans poser de questions – 8 **divertir** amuser – 9 **l'exploit** *m* la chose
remarquable – 10 **le saut de l'ange** *ici:* Todessprung – 10 **aquatique** → eau – 12 **visionner**
examiner, vérifier – 13 **acquérir** *ici:* acheter – 18 **une toile** tissu sur laquelle on peint avec
de l'huile – 18 **un pinceau** Pinsel – 26 **fada** *fam* fou – 28 **détecter** observer – 29 **envolé**
disparu – 36 **le cortex** [kɔʀtɛks] *ici:* le cerveau

1 « Attention, Mado, tu vas retomber de haut quand tout cela sera
fini ! Tu vas mordre la poussière, espèce de crétine ! » Mais je
n'ai pas envie de l'écouter. Deux claques, oui ! De quoi se mêle-
t-elle, cette petite voix ? J'ai le droit de vivre, non ? J'ai même le
5 *devoir* de vivre. Et ce ne sont certainement pas mes parents qui
auraient pensé le contraire ! Je les ai suffisamment cuisinés sur
leurs propres souffrances pour savoir qu'ils ne me jetteraient pas
la pierre. Papa et maman, chacun de leur côté, avaient éprouvé
la perte, le deuil, l'abandon, la solitude. Quand j'avais onze ou
10 douze ans, je leur demandais souvent comment ils avaient pu
surmonter tant d'épreuves. Je trouvais ça suspect d'arriver à
vivre malgré la douleur. Mon penchant pour le romantisme, à
cette époque, me poussait à penser qu'il n'y a pas d'autre issue,
face à la cruauté du destin, que le suicide ou la folie. Que mes
15 parents aient pu continuer à marcher, à respirer, à réfléchir, à
s'intéresser aux autres, puis à s'aimer et à fonder eux-mêmes un
foyer, me semblait surhumain.
Ce n'est pas surhumain.
C'est juste humain.
20 Je ne peux pas l'expliquer. C'est comme ça : la vie est puissante.
Et l'amour, surtout.

– Mado ? Tu dors ?
C'est Patty qui chuchote, dans l'obscurité, à la porte de ma
chambre. Mon réveil indique qu'il est plus de minuit. J'étais
25 tellement absorbée dans mes pensées que je ne l'ai pas
entendue ouvrir la porte. Je me redresse sur un coude.
– Qu'est-ce qu'il y a ?
– Je n'arrive pas à dormir. Je peux venir ? J'ai envie de parler.
Je tends la main vers la poire de ma lampe de chevet et j'allume.
30 Patty, dans sa chemise de nuit en coton blanc, s'approche de
mon lit. Elle s'assoit sur le plancher, les genoux repliés sous le
menton.
– Il fait chaud, dis-je.
– C'est pas ça…
35 – C'est quoi, alors ?

---

2 **mordre la poussière** *fam* auf die Nase fallen – 2 **crétin** *fam* idiot – 3 **une claque** une
gifle – 6 **cuisiner qn** *fam* interroger qn sans s'arrêter – 7 **la souffrance** → souffrir – 7 **jeter
la pierre** faire des reproches – 9 **la perte** → perdre – 9 **le deuil** [dœj] Trauer – 9 **l'abandon**
m → abandonner – 9 **la solitude** → seul – 11 **surmonter des épreuves** *fpl* vaincre des
difficultés – 13 **une issue** une sortie – 14 **la cruauté** → cruel – 14 **le destin** Schicksal –
14 **un suicide** se tuer soi-même – 17 **un foyer** *ici:* une famille – 20 **puissant** avoir un
grand pouvoir – 23 **l'obscurité** *f* quand il fait nuit – 31 **elle s'assoit** → s'asseoir – 31 **le
genou** Knie – 32 **le menton** Kinn

1 – Tu le sais bien, Mado.
– C'est Daan ?
– Ouais.
– T'es amoureuse ?
5 – Ouais.
Je sens mon propre cœur s'agiter follement dans ma poitrine,
comme un cheval de rodéo.
– Et toi ? me demande Patty. Avec Sander ?
Ma pudeur naturelle me force à faire des manières.
10 – Arrête, Mado, t'es raide amoureuse, ça se voit !
– Tant que ça ?
– Ouais.
Un silence. On se met à rire doucement. C'est tellement agréable
que je souhaite instantanément que ça ne s'arrête jamais. Il
15 faudrait vraiment que toute la vie ressemble à cet instant-là,
quand il est très tard, qu'il fait doux dehors, que votre sœur vous
apparaît soudain comme la fille la plus chouette du monde et
que les secrets passent le cap de vos lèvres, qu'ils fondent sur la
langue comme des bonbons au caramel.
20 – Qu'est-ce que tu vas faire ? reprend Patty. Tu vas lui dire ?
– Je ne sais pas. Et toi ?
Patty me donne un petit coup de coude.
– Tu oublies que j'ai cinq ans de plus que toi, Mado. Daan m'a
embrassée, cet après-midi.
25 Je me rembrunis. La complicité est rompue.
– Tu as déjà embrassé, Mado, non ?
Je rougis.
– C'est pas vrai ! suffoque Patty. T'as jamais embrassé ?!
Je reste tétanisée sous mon drap.
30 – Mais enfin, quelle gourde ! continue ma sœur. Moi, à ton âge,
j'avais déjà roulé des pelles à des tonnes de mecs !
– J'aime pas quand tu parles comme ça, dis-je sèchement.
– Ah oui ? Et comment veux-tu que je parle ? Décoince-toi, ma
poule ! On n'est plus au XIXe siècle ! Tu veux peut-être lui faire le
35 coup du mouchoir, à ton Sander ?
– Je n'ai pas dit ça ! Tu m'énerves !
– Alors, il faut absolument que tu l'embrasses.

---

6 la poitrine Brust – **10 t'es raide amoureuse** *fam* tu es complètement amoureuse –
14 instantanément tout de suite – **18 la lèvre** Lippe – **25 se rembrunir** prendre un air
sombre – **28 suffoquer** empêcher la respiration – **29 tétanisé** immobile – **30 gourd** *fam*
bête – **31 rouler des pelles** *fam* embrasser avec la langue – **31 des tonnes de mecs** [mɛk]
fam beaucoup de garçons – **33 se décoincer** *fam* perdre sa réserve – **33 ma poule** *fam*
ici: ma chère – **34 faire le coup du mouchoir** en présence d'un homme, la dame laisse
tomber son mouchoir pour que celui-ci le ramasse, le lui donne et l'embrasse

1 Je pousse un soupir excédé. Nous voilà au cœur du problème. Si Patty faisait des complexes vis-à-vis de moi sur son « intelligence », moi, j'ai toujours été terriblement complexée à propos des garçons. J'ai toujours eu l'impression que Patty
5 savait s'y prendre et que moi, jamais, jamais, jamais je n'y arriverais.
– Ce n'est pas difficile, m'explique Patty, y'a qu'à se laisser faire. Si Sander en a envie, ça se fera comme par magie. T'es vraiment trop intello, Mado.
10 Dans l'auréole de la lumière, deux papillons de nuit voltigent en manquant de se brûler sur l'ampoule. Avec mon esprit tordu, j'y vois le symbole de ce que nous sommes en train de faire : Patty et moi, deux papillons qui vont se cramer les ailes.
– Tu crois que je dois en parler à Daan ? demande Patty sur un
15 ton subitement grave.
– Parler de quoi ?
– Du bébé.
Je me mords l'intérieur des joues.
– Tu comprends, poursuit Patty, si on s'embrasse encore, je ne
20 vais pas pouvoir l'empêcher de… de me serrer dans ses bras, de me toucher… Il va forcément sentir que mon ventre est gros.
Je passe une main sur mon visage. Bon sang ce qu'il fait chaud !
– J'ai réfléchi à plusieurs mensonges possibles, dit encore Patty.
25 Je peux lui dire que je fais de l'aérophagie, par exemple.
Je pouffe de rire.
– Ouais, je sais, c'est nul… soupire Patty.
– En plus, c'est vachement dur à traduire en hollandais.
– T'as raison. Je peux aussi lui dire que, pour gagner notre vie,
30 comme on est orphelines, j'ai décidé d'être mère porteuse.
Je pouffe encore plus fort.
– Quoi ? s'énerve Patty. Je trouvais ça pas mal, moi, comme explication.
– C'est complètement tarabiscoté. Pourquoi tu ne lui dirais pas
35 la vérité, tout simplement ?
Patty secoue énergiquement sa chevelure jaune.
– De quoi tu as peur ? murmuré-je.
– J'ai peur qu'il… qu'il me prenne pour…

---

7 **y a qu'à** *fam* il n'y a qu'à – 9 **intello** *fam* intellectuel – 10 **l'auréole** *f* la lumière tout autour d'une lampe allumée – 10 **un papillon de nuit** Nachtfalter – 11 **une ampoule** Glühbirne – 11 **tordu** *fam* fou – 13 **se cramer les ailes** *fam* se brûler les ailes – 25 **l'aérophagie** *f* Luftschlucken – 26 **pouffer de rire** *fam* éclater de rire (losprusten) – 30 **porteur** *ici:* qui porte un enfant – 34 **tarabiscoté** [taʀabiskɔte] *fam* compliqué

1 – Une salope ?

J'ai lâché ça sans le vouloir, sans réfléchir. Patty se tourne vers moi, le visage crispé.

– C'est ce que tu penses, Mado ?

5 – Pas du tout !

– Alors pourquoi tu l'as dit ?

Je bredouille, terriblement confuse :

– Je sais pas... J'ai cru que c'était ce mot-là que tu allais dire... Excuse-moi.

10 Patty se renfrogne.

– T'excuse pas, va ! soupire-t-elle. C'était ce mot, exactement ce mot que j'allais dire.

Je pose ma main sur son épaule.

– Daan a l'air d'être intelligent. Je suis sûre qu'il ne pensera

15 pas du mal de toi. Si tu es franche de A à Z, il comprendra. Un sourire vacille sur les lèvres de Patty.

– Alors, si je lui dis...

– Si tu lui dis ?

20 – Si je lui dis, tu embrasses Sander.

Je bondis à genoux sur mon lit.

– C'est du chantage, Pat !

– Peut-être, mais c'est équitable ! Je fais un effort, tu fais un effort. Marché conclu ?

---

1 **une salope** *fam* Miststück – 3 **crispé** ≠ détendu – 7 **bredouiller** parler confusément – 13 **l'épaule** *f* Schulter – 15 **franc** sincère – 16 **vaciller** trembler – 22 **le chantage** Erpressung – 23 **équitable** ≠ injuste – 24 **marché conclu** d'accord

Chapitre 10

9 août

1 Durant la nuit, le ciel s'est couvert d'une épaisse couche de nuages gris foncé. À 10 heures, quand je pousse mes volets, je reçois une goutte sur la figure. Et un quart d'heure après, un vrai déluge s'abat sur la maison.

5 Quand je descends dans la cuisine, je trouve un petit mot de Patty en évidence sur la table : « Daan est venu me chercher. Sa mère nous prête sa voiture. On passe la journée au village, mais tu n'es pas seule… Sander est resté avec Britt. Amuse-toi bien ! »

10 Je lâche le morceau de papier. Je dormais tellement profondément que je n'ai même pas entendu Patty sortir, ni la voiture démarrer ! Un frisson m'électrise le dos. Sous la plante de mes pieds nus, le carrelage de la cuisine me semble soudain glacé. Patty me laisse, elle m'abandonne en douce et par un

15 temps pareil en plus… Une vague de tristesse me gonfle la poitrine, que j'essaie d'endiguer en parlant à voix haute :
– Bon, ben voilà, ma vieille ! T'es toute seule comme une pauvre pomme… Eh eh ! Tant pis ! Tu vas te faire un petit déj' digne d'une princesse et puis…

20 Ma voix meurt dans ma gorge nouée. Les beaux jours qui viennent de s'écouler avaient presque réussi à me faire tout oublier, mais il suffit d'un peu de pluie et d'un peu de silence pour que tout revienne en bloc : papa, maman, la vie sans eux, l'avenir blanc et angoissant. Je me sens fragile comme un vase

25 de cristal.

Tout en remuant ma cuillère dans mon bol de lait au miel, je suis des yeux les cheminements complexes des gouttes d'eau sur la vitre de la porte-fenêtre. Elles glissent à des vitesses différentes, font des zigzags, se rencontrent, se mêlent, puis reprennent leur

30 route comme des dizaines de petits véhicules.

Je suspends soudain ma cuillère au-dessus du bol.

Véhicules ? J'ai pensé « véhicules » et c'est seulement mainte-nant que je réalise une chose épouvantable : Patty est montée

---

4 **un déluge** Sintflut – 4 **s'abattre** niederprasseln – 6 **en évidence** on le voit tout de suite – 12 **un frisson** un tremblement de chaud et de froid – 14 **en douce** *fam* sans bruit, sans le dire – 15 **gonfler** *ici:* remplir – 17 **une pauvre pomme** *fam* qn qui est naïf, idiot – 24 **un avenir blanc** un avenir sans chances – 26 **je suis** → suivre – 28 **une porte-fenêtre** une porte avec des vitres – 31 **suspendre** laisser en l'air

1 dans la voiture avec Daan. Ils sont allés au village…
– La route de la grange Montée ! m'écrié-je à voix haute.
Mon estomac se serre douloureusement. Daan n'a que dix-neuf
ans, il ne sait probablement pas conduire depuis longtemps et
5 ils ont emprunté LA route ! Sans réfléchir plus que ça, je balance
la cuillère au milieu de la table, je me rue sur la porte-fenêtre
et m'élance au-dehors, en pyjama, sous la pluie. Je fonce vers
la maison des Hollandais en pataugeant, pieds nus dans les
flaques. Arrivée sous l'auvent, je tambourine comme une furie
10 contre la porte.
– Mado ? s'étonne Britt en m'ouvrant. Que t'arrive ?
– Tu as prêté ta voiture à Daan et Patty ! hurlé-je.
– Pas d'inquiète, sourit Britt. Daan très prudence. Viens chez
moi, Mado. La pluie est très mouillante !
15 Elle s'efface pour me laisser entrer. Je tourne vers elle mon
visage bouleversé et je continue à crier :
– Il ne faut pas qu'elle prenne cette route ! Tu comprends ! Il ne
faut pas !!
Je dégouline. Britt referme la porte, prend une serviette de bain
20 dans un placard et commence à me frictionner la tête.
– Tu attraper un roume, Mado !
– Un rhume, rectifié-je. Pas un roume.
– D'accord, dit Britt. Mais regarde ! Tu pas habillée !
– J'ai peur, Britt. La route de la grange Montée est très dange-
reuse. Et avec toute cette pluie…
25 Les pires visions m'assaillent : la voiture qui dérape, le ravin,
Patty qui hurle… J'éclate en sanglots.
Britt me prend dans ses bras et me serre contre sa poitrine.
Elle dit des mots dans sa langue, des mots bizarres, mais que je
comprends quand même. Au bout d'un long moment, gagnée
30 par la chaleur et la douceur, je m'apaise.
– Tu manger quelque chose ? me demande Britt en fronçant les
sourcils.
Je secoue la tête. Mon bol de lait est en train de refroidir, là-haut,
dans la maison vide et froide. Dans ma précipitation, j'ai même
35 laissé la porte grande ouverte. La cuisine risque d'être inondée,
mais, pour rien au monde, je n'ai envie de remonter chez moi.

---

2 **m'écrié-je** je m'écrie – 8 **en pataugeant** marcher sur un sol humide – 9 **une flaque**
Pfütze – 9 **un auvent** un petit toit au-dessus de la porte d'entrée qui protège de la
pluie – 9 **tambouriner** taper fort et plusieurs fois avec ses poings – 16 **bouleversé**
confus – 20 **frictionner** frotter – 25 **assaillir** attaquer – 25 **déraper** s'éloigner du chemin
sans pouvoir le contrôler – 26 **éclater en sanglots** commencer à sangloter (schluchzen) –
30 **s'apaiser** se calmer (→ la paix)

1 Britt m'envoie un clin d'œil et me présente une chaise.
   – Mange, m'encourage-t-elle en poussant devant moi un paquet
   de pain de mie, un bol de café fumant et un pot de confiture.
   Tandis que je me réchauffe et que mes tartines grillent, Britt
5 s'active autour de moi, comme si de rien n'était. Elle nettoie
   quelques assiettes sales, balaie le carrelage, range un placard.
   Au bout d'un moment, je dis :
   – Tu savais que mes parents étaient morts ici ?
   Britt ralentit ses gestes. Sans se retourner, elle m'avoue que non,
10 elle l'ignorait. Je lui raconte alors toute l'histoire, la vieille R5, la
   route mortelle, les freins qui lâchent… Britt s'arrête de ranger et
   vient s'asseoir en face de moi. Je termine :
   – Patty et moi, nous avions décidé de ne plus jamais prendre
   cette route, tu comprends ? C'est pour ça que j'ai peur.
15 Britt hoche la tête.
   – Je comprends. C'est très courage de vous, de revenir ici pour
   les vacances. Mais tu sais, j'ai voiture neuve. Pas de freins cassés.
   Et Daan très prudence. Surtout que Patty…
   Elle sourit et fait un geste au niveau de son propre ventre. Sur le
20 coup, je ne suis pas certaine de comprendre, mais c'est pourtant
   très clair : Britt vient de mimer l'arrondi d'un ventre de femme
   enceinte ! Voyant mon expression ahurie, elle éclate de rire.
   – Tu croyais que je n'ai pas remarqué ?
   – Ça se voit vraiment, alors ?
25 – Oui, ça se voit ! confirme-t-elle, hilare. Moi aussi, pour Daan et
   Sander, j'avais une grosse ventre !
   Je reste un long moment immobile, le souffle coupé. Toute ma
   tension intérieure s'est évanouie. Quand je pense aux efforts de
   Patty pour rester discrète, à ses robes de hippie, à ses excuses
30 bidon ! Tout ça n'a donc servi à rien !
   – Daan aussi, il a vu, continue Britt en retenant son rire. Lui être
   comme un détective, non ?
   – Tu veux dire qu'il est un bon observateur ?
   – C'est ça.
35 – Et… qu'est-ce qu'il… enfin… ça ne le dérange pas ?
   Britt ouvre des yeux étonnés.
   – Pourquoi dérangé ? C'est nature !
   Je me mets à rire à mon tour. Britt a trouvé le mot exact ! Être
   enceinte n'a rien de honteux : c'est nature ! Il faut absolument
40 que je répète cette phrase à Patty quand elle sera de retour.

---

22 **ahuri** surpris – 25 **hilare** joyeux – 27 **le souffle coupé** être si étonné par qc qu'on ne
peut plus parler – 28 **la tension** le stress – 30 **bidon** *fam* faux – 39 **°honteux** scandaleux
(→ avoir honte)

1 – Oh ! Bonjour, Mado ! lance soudain une voix derrière moi.
Je sursaute. Sander est là, debout, les yeux bouffis de sommeil,
dans l'encadrement de la porte de la cuisine.
– Sander dort tard ! sourit Britt. C'est un vrai ours !
5 – On dit « une vraie marmotte », précisé-je pour me donner une
contenance.
Britt se lève et fait une place à son fils, qui s'installe en face de
moi pour déjeuner. Je me sens soudain très gênée d'être là, dans
cette cuisine, en pyjama. Je rougis.
10 – Mado, reste là ! m'ordonne Britt en devinant mon envie de
déguerpir. Tu es seule, dans autre maison. Tu vas être comme
ma fille, aujourd'hui, non ?
Je la regarde. Puis je regarde Sander, qui me regarde. C'est fou
tout ce qu'on peut arriver à se dire rien qu'avec les yeux.

15 Je passe le reste de la journée avec Sander. Impression de ne
plus toucher le sol, d'être dans une maison volante, sans plus
aucun lien avec la terre ferme.
Nous jouons sur sa console (le genre de truc international,
aucun problème de langage), je lui explique les règles du
20 rami, il m'apprend quelques mots de néerlandais, puis nous
écoutons de la musique dans sa chambre en nous partageant
les écouteurs du walkman. Nous sommes assis sur le lit. À cet
instant, ma tête est si proche de la sienne… Il suffirait que je me
tourne, il suffirait que…
25 Je songe à la conversation que j'ai eue avec Patty la veille.
Je lui ai fait une promesse, mais jamais je ne pourrai la tenir.
C'est au-dessus de mes forces. Comment font les autres pour
oser s'embrasser ? Comment font les gens pour se dire qu'ils
s'aiment ? Je pense aux centaines de générations d'amoureux
30 qui en sont passées par là, depuis la nuit des temps. Mes parents, aussi, ont dû éprouver ça, ce vertige incroyable…
Comment ont-ils pu le surmonter ? Un baiser, « c'est nature »,
comme dirait Britt, mais, franchement, ça demande infiniment
plus de courage que de plonger du haut du rocher à la rivière.
35 – Mado ! m'appelle soudain Britt depuis la cuisine. C'est Patty
et Daan !

---

2 **les yeux bouffis de sommeil** qui n'est pas encore tout à fait réveillé – 4 **un ours** [ʊʀs]
Bär – 5 **une marmotte** Murmeltier – 5 **se donner une contenance** cacher sa confusion –
9 **je rougis** je deviens rouge (→ rougir) – 11 **déguerpir** s'en aller vite – 13 **c'est fou** c'est
incroyable – 16 **volant** qui vole – 18 **une console** Playstation, Spielkonsole – 20 **le rami**
Rommé – 30 **depuis la nuit des temps** depuis toujours

1 Je sursaute et m'écarte de Sander. Il éteint le walkman et me regarde comme jamais personne ne m'a regardée. Je sens mes boyaux se tordre dans mon ventre.

– Je… je dois descendre pour… c'est Patty qui…

5 – Je sais, me dit Sander.

Et à ce moment-là, il pose sa main sur mon épaule, m'attire contre lui et pose ses lèvres sur les miennes, très doucement.

---

2 **je sens mes boyaux** [bwajo] **se tordre** mir dreht sich der Magen um

Chapitre 11

9 août, le soir

1 J'ai lu dans *J'attends mon premier enfant* que le bébé n'a pas la notion de la fin des choses. À chaque seconde de sa petite vie, c'est l'éternité qui se joue : s'il voit sa mère, il est éternellement avec elle ; s'il ne la voit plus, il est éternellement tout seul. Le
5 délire.

Eh bien, aujourd'hui, il me semble que je suis redevenue un bébé. Quand Sander m'a embrassée, j'ai cru à l'éternité. C'est bête à dire, mais c'est vraiment ce que j'ai éprouvé. Et du coup, quand ses lèvres se sont séparées des miennes, ça m'a paru
10 insupportable : je me suis jetée sur lui pour qu'il recommence, encore, encore, encore... pour l'éternité. Il a dû me prendre pour une folle, mais puisqu'il ne m'a pas repoussée, j'en ai conclu que la folie ne lui faisait pas peur.

N'empêche, au bout d'un moment, il a bien fallu qu'on sorte de
15 sa chambre. En amour, l'éternité n'a qu'un temps.

Dans la cuisine, Patty et Daan mangeaient des esquimaux tout en racontant à Britt leur virée au village. Quand ils nous ont vus apparaître, rouges et décoiffés, ils ont éclaté de rire. Ma chaudière interne a failli exploser et Britt, pour m'éviter la
20 surchauffe, m'a immédiatement tendu un esquimau.

Sander s'est assis à côté de Patty, et moi à côté de Daan. J'ai tout de suite remarqué les clés de la voiture qui gisaient sur la table. Ces deux petits morceaux de métal cranté, si anodins, qui représentent pour moi le danger absolu, la mort, le néant...
25 J'avoue que j'ai perdu les pédales.

– Vous êtes descendus... par la route de la grange Montée ? ai-je demandé.

Une ombre est passée sur le visage rayonnant de ma frangine.

– On est rentrés entiers, non ?
30 – J'ai eu peur, Patty.

– Fallait pas. Daan conduit très bien.

– Papa et maman aussi conduisaient très bien.

---

3 **l'éternité** *f* la durée sans fin – 3 **éternel** → l'éternité – 5 **le délire** *fam ici*: c'est la folie – 13 **j'ai conclu** → conclure – 14 **n'empêche** *fam* quand même – 16 **un esquimau** une glace enrobée de chocolat – 17 **une virée** *fam* une promenade – 18 **décoiffé** avec les cheveux en désordre – 19 **ma chaudière interne** *ici*: la température élevée comme si elle avait la fièvre – 20 **la surchauffe** plus chaud que normalement – 22 **gisaient** *litt ici*: se trouvaient (→ gésir) – 23 **cranté** taillé – 23 **anodin** sans importance – 24 **le néant** ce qui n'existe pas – 25 **perdre les pédales** *fam* devenir fou – 29 **entier** *ici*: sans blessure

1 Patty m'a fusillée du regard.
– Lâche-moi, Mado, tu m'emmerdes.
– Ah oui ? ai-je minaudé. Et qu'est-ce qu'il dirait, tu crois, le juge
des tutelles s'il savait que tu m'abandonnes toute une journée
5 sans même m'avertir ? S'il savait que tu prends des risques
inconsidérés, dans l'état où tu te trouves ?
Patty a blêmi de rage et de stupeur à la fois. Elle m'a parlé entre
les dents :
– Tu cherches vraiment à tout gâcher, ou quoi ?
10 Britt suivait notre petite passe d'armes avec anxiété. Elle a
bafouillé quelques mots d'explication aux deux garçons, qui ne
comprenaient rien à la scène.
– On avait juré de ne plus passer par cette route ! ai-je crié. Et
toi, alors qu'il pleut des cordes, tu... tu...
15 Je ne trouvais plus mes mots, alors j'ai frappé du poing sur la
table. En face de moi, Sander semblait tétanisé. Britt m'a prise
par les épaules.
– Arrête, Mado ! m'a-t-elle suppliée. Patty est vivant, c'est OK.
Pour moi, ce n'était pas OK du tout. Je venais de passer la
20 journée la plus agréable de ma vie et, en même temps, une
terreur sourde m'empêchait d'en profiter. Depuis l'accident,
j'avais perdu l'habitude de me sentir bien et c'était comme si
ce bonheur me faisait mal. Je me suis débattue pour que Britt
me lâche, avant de me lever d'un bond en renversant le reste de
25 mon esquimau sur les baskets de Daan.
– Foutez-moi la paix ! ai-je encore crié. Je veux rester seule !
Je les ai tous plantés là, dans la cuisine, et je me suis enfuie au-
dehors, sous la pluie qui continuait. J'ai couru jusqu'à notre
maison en pleurant comme une fontaine.
30 La porte-fenêtre de la cuisine était restée ouverte toute la
journée, il y avait de l'eau partout, jusque sous le four, jusque
dans le placard où maman rangeait les produits d'entretien.
Les portes claquaient dans les étages, sous l'effet des courants
d'air. Cette maison, vide, froide, pleine d'eau et de fureur, était
35 l'exacte représentation de ce qu'il y avait dans ma tête.

---

1 **fusiller qn du regard** jdn mit vernichtendem Blick ansehen – 2 **emmerder** *vulg*
embêter – 3 **minauder** attirer l'attention par une manière affectée – 5 **avertir** informer –
6 **inconsidéré** imprudent – 6 **un état** Zustand – 7 **blêmir** devenir tout pâle – 10 **la passe
d'armes** l'échange d'arguments vifs – 14 **il pleut des cordes** il pleut très fort – 15 **du
poing** mit der Faust – 16 **tétanisé** ≠ léger, relaxé – 21 **une terreur sourde** une très grande
peur qui paralyse – 23 **se débattre** lutter pour se dégager – 26 **foutez-moi la paix** *fam*
laissez-moi tranquille – 27 **planter qn** *ici:* partir en laissant qn – 27 **je me suis enfuie** →
s'enfuir

Je suis montée dans ma chambre, j'ai verrouillé la porte. Le monde extérieur n'avait plus le droit de venir me déranger : je ne voulais plus ni bonheur, ni malheur, ni Patty, ni Sander, ni Britt, ni personne. Je n'avais plus la place d'accueillir tout ça.
5 Mon cœur affichait complet.
Et voilà. Je suis là.
Le réveil sur ma table de nuit indique 23h12. Une coupure de courant l'a certainement déréglé.
Je ne pleure plus, mais je regrette tellement de m'être comportée
10 comme je l'ai fait que je voudrais me donner des claques. En levant les yeux, je m'aperçois dans le miroir de l'armoire. Je me trouve si nulle, si moche, si débile.
Il y a quelques instants, Sander m'embrassait à pleine bouche, là-bas, dans sa chambre. Nous étions collés l'un à l'autre. Jamais
15 je n'avais vécu si fort qu'à ce moment. Je n'avais plus qu'à me laisser glisser doucement dans le bonheur, au lieu de… Qu'est-ce qui m'a prise ? C'est les clés de voiture. Elles m'ont rendue dingue.
Un bruit me fait sursauter. Quelqu'un vient d'entrer dans la
20 maison. Je me redresse, l'oreille tendue. Si Patty ose frapper à ma porte, si elle ose me dire ne serait-ce qu'un mot… je la… je lui… je ne sais pas ce que je fais, mais elle pourra toujours me supplier, jamais je ne lui ouvrirai. Je vais rester là, dans cette chambre, pour le restant des vacances. Voire, de ma vie. Tiens,
25 oui, voilà une idée intéressante : si je m'enferme pour toujours, il ne m'arrivera plus rien ! Logique. La vie idéale, ma vieille. Une vie d'ermite !
– Mado ?
Ce n'est pas la voix de Patty. Sander ?
30 – Mado, écoute-moi…
Non, ce n'est pas Sander. C'est Daan. Surprenant.
– Je veux teu lireu une mot de le part de nous tous, dit la voix de Daan à travers la porte.
Il parle lentement, en butant sur les mots. J'entends qu'il déplie
35 un papier.
– « Reviens… s'il té pla… s'il té plaît, Mado. Nous t'a… nous t'aimons. Britt a fé des lassag… gnes pour le dînerrr. Sander et Daan s'en vont de… deman… demain ? »

1 **verrouiller la porte** s'enfermer dans une pièce – 5 **afficher complet** annoncer qu'il n'y a plus de place – 7 **une coupure du courant** l'électricité a été interrompue – 12 **moche** *fam* laid – 12 **débile** *fam* idiot – 15 **vécu** → vivre – 23 **supplier** prier très fort – 24 **voire** et même (und zwar) – 31 **surprenant** → surprendre – 34 **en butant sur les mots** il ne parle pas couramment – 34 **déplier** ≠ plier (entfalten)

1 Je bondis sur mes deux pieds et je me précipite pour ouvrir la
porte. Daan me regarde surgir, l'air hébété. Je demande d'une
voix étranglée :
– Vous partez demain ?
5 Daan avale sa salive. Il a les yeux les plus tristes du monde.
– Nous… en Nederland, me répond-il.
Et il fait un geste de la main, comme pour m'indiquer le nord, la
direction de leur foutu pays plat et lointain.
– Mais non… dis-je désemparée… ce sont les vacances !
10 – Fini pour Britt, m'explique-t-il. Elle… peinture dans…
Il cherche un mot, lève les bras, tente de me mimer quelque
chose, s'énerve un peu et demande :
– Tu comprendre ?
J'écarte les bras et je me mets à rire malgré moi. Du coup, Daan
15 sourit.
– Pas pleure, me dit-il. Mado viens.
Il me tend la main, amical, adorable. Je suis partagée entre tant
de sentiments différents et violents que je ne parviens plus à
réfléchir. La honte, en tout cas, semble céder devant l'urgence
20 de passer une dernière soirée avec Sander et Britt. Je dis :
– Attends une minute. Je me change et j'arrive.
Je lui referme ma porte au nez, puis, fébrile, j'ouvre mon armoire
à la recherche d'une tenue de circonstance. Un amour qui s'en
va, ce n'est pas tous les jours que ça vous arrive. Heureusement
25 d'ailleurs. Je sens les larmes monter de nouveau, mais je
m'empresse de les chasser : pas question de retomber dans le
pathos ! Je décroche mon plus chouette tee-shirt du cintre, finis
par mettre la main sur ma jupe mauve et mes sandales, puis
je tente de redonner à mon visage un semblant de gaieté. Un
30 sourire au miroir, une tape sur chaque joue… Ah, si j'étais Patty,
je me maquillerais, tiens ! Mais je ne suis pas Patty et le temps
m'est compté.
– Très jolie, me sourit Daan lorsque je sors de ma chambre.
Sander very lucky !
35 Je rougis et nous descendons. Cette fois, je prends soin de
refermer à clé la porte-fenêtre de la cuisine. Le sol est trempé,
mais nous verrons ça demain. Lorsque je lève les yeux vers
le ciel, je m'aperçois qu'il a cessé de pleuvoir. Des nuages se

---

1 **bondir** sauter – 2 **hébété** benommen – 3 **une voix étranglée** mit erstickter Stimme –
9 **désemparé** hilflos – 17 **tendre** *ici:* donner – 19 **céder** disparaître – 19 **l'urgence** *f* la
nécessité d'agir vite – 22 **fébrile** quand on a de la fièvre, *ici:* tremblant (zitternd) –
23 **une tenue de circonstance** des vêtements pour une telle situation – 27 **un cintre**
Kleiderbügel

déchirent à l'ouest, laissant passer les rayons du soleil qui se couche. Daan marche à côté de moi, le nez en l'air.

– Alors, tu savais ? lui dis-je soudain.

Il me regarde.

– Pour le bébé, tu savais ?

Il hoche la tête.

– Patty me dire, dans voiture, aujourd'hui.

Je pousse un soupir. J'aimerais bien qu'il propose à Patty d'être le père du bébé. Ce serait vraiment super. Je deviendrais la belle-sœur de Daan et, du coup, Sander serait une sorte de beau-frère et Britt une belle-mère idéale, et on partirait vivre en Hollande, à Amsterdam, et j'apprendrais le néerlandais. Pff, évidemment, c'est impossible. Daan est trop jeune. Il a d'autres idées en tête. Et puis, le néerlandais, de toute façon, c'est vraiment une langue impossible.

N'empêche, j'adorerais.

Quand nous entrons dans la maison de Britt, ça sent bon les lasagnes. La table est dressée dans le salon, avec nappe, assiettes coordonnées, verres à pied et tout. Je prends une respiration et je fonce droit sur Patty qui s'est allongée sur le canapé. Campée devant elle, je lâche :

– Pardon, je suis vraiment désolée, je ne pensais pas ce que j'ai dit. Merci d'être venue me chercher. Merci.

Patty me regarde. Je vois bien qu'elle a envie de pleurer, mais elle sait se dominer, elle.

– Je te pardonne, sœur Mado, dit-elle en prenant une voix de Mère supérieure. Pour la peine, tu devras rire, manger et danser toute la soirée.

Je m'agenouille, docile.

– Bien, Mère Patty. J'accepte la punition.

Elle sourit et se contorsionne en se tenant les reins.

– Tu as mal au dos ?

– Un peu. C'est rien, ça passe.

Je lui effleure le ventre du bout des doigts. Dans cette position, « ça » se voit carrément, maintenant.

– Plus besoin de me cacher, hein ? soupire-t-elle.

– C'est mieux, non ?

– Oui, c'est mieux. Daan a posé ses mains. Il a senti le bébé bouger.

---

1 **se déchirer** *ici:* aufreißen – 18 **des assiettes** *fpl* **coordonnées** zusammenpassende Teller – 19 **un verre à pied** Stielglas – 27 **la Mère supérieure** la directrice d'un couvent où vivent les « sœurs » (les nonnes) – 27 **une peine** une punition – 29 **s'agenouiller** se mettre à genoux – 29 **docile** très sage – 31 **le rein** Niere

1 J'arrondis la bouche.
– Tu veux essayer ? me demande-t-elle.
Elle prend ma main et la pose sur le côté, près de sa hanche.
C'est la première fois que Patty me le propose. De toucher son
5 ventre. De partager ça avec elle. Je sens quelque chose, comme
une petite vague, sous mes doigts.
– Alors ? Tu l'as senti ?
– Oui…
– C'est très émouvante, non ? demande soudain Britt dans mon
10 dos.
Je me retourne. Elle nous sourit. Je pense : « Si maman avait pu
voir ça, Patty, enceinte jusqu'aux yeux, elle aurait souri de la
même façon. Exactement de la même façon. »

3 la °hanche Hüfte

Chapitre 12

Quelque part entre le 9 et le 10 août

1 Pas dormi. Pas dormi du tout. Nuit blanche avec Daan, Sander
et Patty. Britt n'a pas tenu à rester avec nous. Discrètement
montée se coucher. Musique pendant des heures et des heures.
Jamais autant dansé, surtout des slows. Moments irréels
5 que je n'oublierai jamais. Impossible de raconter, je veux
dire, impossible de traduire mes sentiments avec des mots.
La bouche de Sander, les bras de Sander, les yeux de Sander.
Quelque chose de l'ordre du tremblement de terre dans mon
corps, voilà.
10 Au matin, fatigue et tristesse. Britt émerge. Les bagages. Sander
et Daan. Patty et moi. Nos cœurs gros. Des tartines. On regarde
le soleil se lever dans le ciel purifié par les orages. Une belle
journée qui se prépare. Atroce.
Britt qui me serre dans ses bras, maman pour celle qui n'est plus
15 là. Britt qui passe une main douce sur le ventre arrondi de Patty,
ses recommandations. Les yeux rouges. Les petits papiers avec
nos adresses, nos numéros de téléphone ; l'écriture de Sander.
Des promesses, des serments. Apprendre à dire « je t'aime » en
néerlandais. Les tableaux de Britt dans du papier kraft renforcé,
20 en rang d'oignons dans le coffre. Départ imminent. Mon cœur
qui étouffe. Le soleil qui ne chauffe pas ma peau insensibilisée,
anesthésiée. Les portières qui claquent. Vitres baissées, leurs
visages. Pauvres sourires. Pourquoi faut-il qu'on se quitte et
que cette vie soit cette vie ? Le moteur qui tourne. Adieu. La
25 poussière du chemin. Adieu. Patty qui court derrière la voiture.
Moi qui cours derrière Patty. Sa main qui soutient son ventre,
la voiture qui s'enfuit, tout mon être qui se déchire. Je déteste
la Hollande et je déteste la peinture, le monde des adultes, les
priorités professionnelles qui empêchent les enfants de s'aimer
30 pour l'éternité d'un mois d'août. Adieu.
Patty et moi, hagardes dans le hameau déserté. Le poids des
choses qui nous terrasse soudainement.

---

1 **une nuit blanche** une nuit passée sans dormir – 2 **tenir à** insister pour – 8 **un tremblement de terre** la terre bouge, est instable (→ trembler) – 10 **émerger** *ici:* apparaître (auftauchen) – 11 **le cœur gros** très triste – 12 **purifié** clair (→ pur) – 13 **atroce** horrible – 16 **une recommandation** un conseil – 18 **un serment** Schwur – 19 **du papier kraft renforcé** Karton – 20 **en rang d'oignons** [ɔɲɔ̃] sur une seule ligne, l'un derrière l'autre – 20 **imminent** *ici:* menaçant – 27 **se déchirer** *ici:* se briser – 31 °**hagard** verstört – 32 **terrasser** niederschmettern

Chapitre 13

Après

1 Autour de nous, rien n'a changé, il y a toujours les mêmes maisons, le même chemin creux qui descend à la même rivière, les mêmes cigales, les mêmes buissons de mûres et, pourtant, plus rien n'est comme avant. Quand on y réfléchit cinq minutes,
5 c'est bizarre que nos sentiments agissent à ce point sur des choses inertes. Je me demande si on peut se mettre à aimer un endroit moche, une usine, par exemple, ou un terrain vague plein d'ordures, dès lors qu'on y rencontre l'amour ? Si j'avais connu Sander au cinquième sous-sol d'un parking, est-ce que
10 j'aimerais ce parking ? Est-ce que les piles de béton et les néons blafards auraient, à mes yeux, un charme fou ? Je n'en sais rien. Quoi qu'il en soit, penser à ce genre de choses m'occupe l'esprit.

Patty, malheureusement, n'a pas recours aux grandes questions
15 esthétiques pour se changer les idées et, pour couronner le tout, son ventre est désormais trop encombrant pour lui laisser exercer son passe-temps favori : se vernir les ongles de pieds.

Patty s'enfonce de minute en minute dans une mélancolie insondable. Et dire qu'on a même pas la télé pour s'abrutir ! Pa-
20 pa et maman avaient été très fermes à ce sujet : à la campagne, nous devions (enfin, surtout Patty !) nous désintoxiquer de ce maudit appareil, ainsi que de toute autre technologie envahissante, telle que l'informatique ou la vidéo. Les travaux d'aménagement ne comportaient donc aucune prise
25 téléphonique, aucune antenne hertzienne, aucune parabole, rien. En Ardèche, nous devions nous baigner, lire, marcher, chanter, rire, observer les étoiles, parler ou réfléchir. PAS regarder la télé.

– T'as envie de te baigner ? demandé-je tout de même.
30 – Non.

– Tu veux… un bouquin ?

– Et puis quoi encore ?

---

2 **le chemin creux** Hohlweg – 6 **inerte** sans vie – 8 **les ordures** *fpl* Müll – 8 **dès lors que** quand – 12 **quoi qu'il en soit** wie dem auch sei – 15 **couronner le tout** *fam ici:* ajouter un nouveau problème à une longue liste de problèmes – 16 **désormais** à partir de maintenant – 19 **insondable** inexplicable – 19 **s'abrutir** *fam* ne pas devoir réfléchir – 21 **désintoxiquer** *ici:* libérer – 24 **l'aménagement** *m* les réparations dans la maison – 24 **une prise téléphonique** Steckdose für das Telefon – 25 **une antenne hertzienne** [ɛʀtsjɛ̃] une antenne pour la télé – 25 **une parabole** Schüssel

1 – On fait une balade ?
– …
Je garde pour moi la suite de la liste. Je me doute que Patty n'a
pas envie de rire. Quant aux étoiles, en plein après-midi… Alors
5 nous restons assises dans le canapé du séjour, à contempler le
vide. Le vide absolu qui nous envahit, nous absorbe, comme
un trou noir galactique. Et ça dure comme ça longtemps, très
longtemps.
À la fin de la journée, je suis tellement ankylosée que j'ai
10 l'impression d'être devenue un coussin.
– T'as faim ? demandé-je.
– Non.
Plus tard, je finis par me lever. Malgré mon chagrin, moi, j'ai
faim. Je rentre dans la cuisine et là, je constate que l'eau de
15 pluie d'hier n'a pas séché. Il y a encore de grosses flaques sous
les meubles. Je soupire et je patauge jusqu'au placard à balais.
Serpillière, seau.
Un peu de nettoyage ne nuit pas : lorsque je termine d'essorer,
je me sens un peu mieux. Du coup, je décide de faire des croque-
20 monsieur en espérant que l'odeur s'insinue dans les narines de
Patty et la ramène à la vie. Je force sur le gruyère et sur le beurre.
Quand on est triste, le corps réclame sa dose de matière grasse.
Enfin, je charge les deux assiettes sur un plateau et je retourne
au séjour en chantant :
25 – Croque-monsieur ! Croque-monsieur ! Qui n'en veut ?
Là, je reste interdite. Patty n'est plus dans le canapé. Et la porte
est grande ouverte.
– Patty ?
Je pose mon plateau. J'appelle plus fort :
30 – Patty ?
Dehors, il fait bientôt nuit. Qu'a-t-elle pu vouloir faire dehors ?
Observer les étoiles ? L'inquiétude au ventre, j'enfile mes baskets
et je sors.
– Patty !!
35 Cette fois, je crie.
– Oh eh ! Patty ! T'es où ? J'ai fait des croque-monsieur !

---

5 **contempler** regarder et réfléchir – 9 **être ankylosé** avoir les membres du corps
endormis suite à une longue inactivité – 16 **soupirer** seufzen – 16 **patauger** marcher dans
l'eau, dans une flaque – 16 **un balais** Besen – 17 **une serpillière** [sɛʀpijɛʀ] Scheuertuch –
17 **un seau** Eimer – 18 **nuire** schaden – 18 **essorer** auswringen – 19 **un croque-monsieur**
getoastetes Käse-Schinken-Sandwich – 20 **l'odeur** f le parfum – 20 **s'insinuer** ici: arriver
jusqu'à – 20 **les narines** fpl Nasenlöcher – 21 **forcer sur** fam ici: mettre beaucoup de

1 Silence nocturne. Une petite brise fraîche se lève en même
temps que la Lune et je sens les poils de mes bras se hérisser. Je
songe à l'atrophie du cerveau qui handicape par moments ma
frangine : et si elle avait grillé ses derniers neurones ? Et si elle
5 s'était mise en tête de partir droit devant elle, sur la route de la
grange Montée, comme une vagabonde ?
– Patty !!! hurlé-je en bondissant par-dessus le muret du jardin.
Je cavale sur le chemin qui descend vers la maison de Britt. En
pleine nuit, sans aucun éclairage public, je ne reconnais plus
10 rien et la trouille me coupe le souffle.
Et si Patty avait voulu se... se suicider ? Nous n'avons jamais
parlé de ça toutes les deux, mais je suis certaine que cette idée
lui a traversé l'esprit une ou deux fois depuis la mort de papa
et maman. Moi-même, j'y ai pensé. Pas sérieusement, sans
15 quoi j'aurais au moins fouillé dans l'armoire à pharmacie pour
compter les cachets de somnifère. Mais j'y ai pensé.
– Patty !
Je continue de courir, en zigzag, affolée. La maison de Britt est
là, sombre et massive, dressée contre l'horizon qui vire au violet
20 foncé. Et là, juste devant la porte, sous l'auvent, je devine une
forme recroquevillée.
– Patty ?
Des sanglots étouffés me répondent. Ma grande sœur est là, je
l'ai retrouvée, et le soulagement que j'éprouve manque de me
25 faire pleurer à mon tour. Je m'approche doucement.
– Qu'est-ce que tu fais ? dis-je en sachant très bien ce qu'elle
fait.
Elle est roulée en boule sur le paillasson, comme un chien
abandonné. Je m'accroupis devant elle et lui touche les épaules.
30 Sa peau me paraît très chaude.
– Viens, il faut rentrer.
Je la tire sans brusquerie et son corps vient vers moi, mou, sans
résistance aucune.
– Tu trembles.
35 Elle se lève difficilement, s'appuie sur moi, avance à petits pas.
Le vent bouscule ses mèches décolorées. Nous remontons sans

---

1 **nocturne** de nuit – 2 **les poils** [pwal] *mpl* Härchen – 2 **se °hérisser** se dresser – 4 **griller
ses neurones** *mpl fam* perdre complètement la tête – 7 **un muret** un petit mur –
8 **cavaler** *fam* courir – 11 **se suicider** se tuer – 15 **fouiller** wühlen – 16 **les cachets** *mpl*
de somnifère [sɔmnifɛʀ] Schlaftabletten (→ le sommeil) – 18 **affolé** paniqué – 19 **virer**
à changer de couleur – 21 **recroquevillé** [ʀ(ə)kʀɔk(ə)vije] se faire tout petit – 23 **étouffé**
qu'on entend à peine – 28 **un paillasson** un petit tapis devant la porte – 29 **s'accroupir**
sich hocken – 36 **bousculer** *ici:* mettre en désordre

rien dire vers notre maison.

Arrivées dans le salon, nous nous effondrons sur le canapé. Dans les assiettes, les croque-monsieur ont refroidi. En revanche, Patty est bouillante.

5 – Reste là, lui dis-je. Je vais te chercher une couverture et de l'aspirine.

Tandis que je grimpe au premier étage, je me remémore toutes les fois où j'ai été malade, petite. Maman me gardait au chaud et je grimaçais en absorbant les sachets d'Efferalgan. C'était
10 à la fois agréable et désagréable, mais plutôt agréable quand même. Maman me chantait des berceuses arabes, me lisait des histoires. Elle parlait en chuchotant et se déplaçait dans l'appartement sur la pointe des pieds. Dans ma chambre, les rideaux étaient tirés. Les autres enfants étaient restés à l'école,
15 je souriais, puis je m'endormais comme dans un nid de coton.

Dans la salle d'eau du premier, je trouve un tube d'aspirine, un thermomètre, puis je passe dans la chambre de Patty, m'empare du dessus-de-lit en patchwork et redescends avec le tout.

– Avale ça, dis-je en tendant un verre d'eau à ma sœur.
20 Docile, elle boit le médicament et se laisse emmitoufler. Je lui cale un coussin sous la nuque. Que puis-je faire de plus ? Veiller sur elle, rester tout près… mais si son état empirait, je serais bien démunie ! Sans téléphone, sans voiture et désormais sans voisins, il faudrait que je coure jusqu'au village pour avertir
25 un médecin. Huit kilomètres ! Moi qui suis toujours dans les dernières à l'épreuve d'endurance, on n'est pas sorties de l'auberge ! Je pose ma main sur le front de Patty. Il ne s'agit sans doute que d'un rhume… « un roume », comme dit Britt.

– On va dormir ici, toutes les deux, tu veux ?
30 Patty me regarde et essaie de sourire. Je file dans ma chambre, tire le matelas, roule ma couette sous mon bras et je rejoins Patty. Au passage, je chope *J'attends mon premier enfant*, histoire de relire le passage concernant les grossesses pathologiques.

Le salon se transforme rapidement en camp de réfugiés :
35 matelas, couettes, couvertures, oreillers, verres d'eau à portée de main… sans compter les croque-monsieur et les vêtements qui

---

2 **s'effondrer** se laisser tomber par manque de force – 4 **bouillant** *ici:* avoir de la fièvre – 9 **grimacer** faire des grimaces – 9 **Efferalgan** un médicament contenant du paracétamol – 11 **une berceuse** chanson avant de s'endormir – 15 **un nid** Nest – 16 **la salle d'eau** la salle de bains – 18 **un dessus-de-lit** une couverture – 20 **emmitoufler** couvrir – 21 **caler** mettre – 21 **la nuque** Nacken – 22 **empirer** devenir pire – 23 **démuni** pauvre – 26 **l'épreuve** *f* **d'endurance** Ausdauerübung – 32 **choper** *fam* attraper – 33 **pathologique** *ici:* anormal

traînent. Patty semble s'endormir. La nuit blanche, l'émotion et la fièvre ont raison de sa résistance. J'éteins la lumière, puis je m'installe sur mon matelas, au pied du canapé, la lampe de poche de papa coincée sous le menton, et j'ouvre le livre au chapitre « Les maux de la femme enceinte ».

Toute fièvre pendant la grossesse est un motif de consultation médicale. Un examen complet devra être pratiqué : pulmonaire, ORL, gynécologique. Dans tous les cas, la fièvre présente des risques de fausse couche, d'accouchement prématuré ou de mort fœtale.

Je referme le livre, sentant mon front se couvrir de sueur. Je me dresse sur un coude et pointe le faisceau de la lampe vers le visage de Patty. Détendue, le souffle léger, elle dort.

Je repousse le livre loin de nous, comme si ses pages remplies de mots terribles risquaient de nous contaminer. Je ne veux pas croire que Patty soit vraiment malade. Pas maintenant ! Pas ici !

Non, non, tout va bien : demain, elle aura récupéré et la fièvre aura disparu et nous reprendrons notre vie, nos vacances.

Avant de sombrer à mon tour dans un sommeil de plomb, je pense que Sander, Daan et Britt ne doivent plus être très loin d'Amsterdam.

2 **avoir raison de qc** vaincre qc – 2 **la résistance** Widerstandsfähigkeit (→ résister) –
7 **pulmonaire** Lungen- (→ les poumons) – 8 **ORL** [ɔɛʀɛl] Oto-rhino-laryngologiste
(HNOArzt) – 9 **une fausse couche** Fehlgeburt – 9 **prématuré** trop tôt – 10 **fœtal** [fetal] du
fœtus, du bébé – 12 **pointer** diriger vers – 12 **un faisceau** [fɛso] Lichtstrahl – 15 **contaminer**
anstecken – 17 **récupérer** *ici:* être à nouveau en bonne santé – 19 **sombrer** se perdre

Chapitre 14

11 août

1 Des gémissements me sortent du sommeil alors que le jour point à peine. Durant quelques secondes, je ne sais plus où je suis. Chez nous, dans l'appartement ? Dans ma chambre au premier étage ? Chez Britt ?

5 – Ah ! putain ! crie la voix de Patty.

Cette fois, je suis complètement réveillée. Le salon, mon matelas par terre, la fièvre de Patty, tout me revient.

– Mado !

Sa voix vient des toilettes d'en bas. Ça sent la détresse. Je me
10 précipite.

– J'suis mal… gémit ma sœur à travers la porte.

– Où ? Où tu as mal ?

– Au ventre, putain ! Et au dos, c'est horrible !

Tout mon sang reflue vers mon cœur.

15 – Patty ! Sors des toilettes !

– J'peux pas ! J'ai… trop mal ! J'peux pas !

– Tu saignes ?

– Je sais pas !

– Ça fait des sortes de… vagues de douleur qui vont et qui
20 viennent ?

– Oui ! Oui, c'est ça !

Toutes les pages de *J'attends mon premier enfant* que j'ai lues et relues défilent dans ma tête.

– Ce sont des contractions ! dis-je au bord de la panique.

25 – Ouais ! hurle Patty. Et qu'est-ce que je peux faire pour que ça s'arrête ?

– Sors de là ! Tu dois rester allongée !

Je trépigne sur le carrelage. La fièvre a provoqué les contractions ! Si ça se trouve, Patty va accoucher !

30 Enfin, elle pousse la porte et apparaît, courbée en deux, rouge et haletante. Je glisse mon bras sous son aisselle et je l'entraîne vers le canapé. Hors de question de monter les escaliers, elle va rester en bas.

– Ça passe un peu… souffle-t-elle une fois couchée.

---

1 **les gémissements** *mpl* des sons inarticulés qui expriment la douleur – 2 **poindre** *litt* commencer – 11 **gémir** → le gémissement – 17 **saigner** bluten (→ le sang) – 24 **des contractions** *fpl* Wehen – 28 **trépigner** *ici:* s'impatienter – 31 °**haletant** hechelnd – 31 **l'aisselle** *f* Achselhöhle – 34 **souffler** haleter

1 Je la regarde comme si elle était… je ne sais pas… un monstre,
un alien venu de l'espace, un malade en phase terminale…
– Patty… ne bouge surtout pas. Tu… tu as soif ou bien… ?
Elle secoue énergiquement la tête.
5 – Trouve-moi un chewing-gum à la menthe, Mado… J'ai un sale
goût dans la bouche.
Je fonce dans la cuisine, trop heureuse de pouvoir lui rendre
service. Par chance, je n'avais pas oublié les chewing-gums
quand j'ai fait les courses à l'épicerie le jour de notre arrivée. Ils
10 sont là, par paquets de trois, au fond du tiroir.
– Tiens, lui dis-je en revenant.
À cet instant, je ne peux pas m'empêcher de penser à ce
truc bidon qu'on voit parfois dans les films quand il y a un
condamné à mort : il réclame sa dernière cigarette avant de
15 monter sur l'échafaud. Patty n'est pas fumeuse, tant mieux,
mais c'est comme si je lui offrais son dernier chewing-gum.
Elle s'en fourre deux dans la bouche. Juste à ce moment-là, ses
traits se crispent de nouveau. Elle pousse un cri de douleur en
attrapant son ventre.
20 – Ça revient, bordel ! Oh non !
Je m'agenouille près d'elle, dans un état second, un peu comme
on s'écroule. Par instinct, je pose mes mains sur son ventre.
– Respire profondément, dis-je. Ne panique pas, respire.
Au bout de quelques secondes, le corps de Patty se détend.
25 – Ça passe ?
– Ouais, un peu.
Elle reprend son souffle, tout en mastiquant les chewing-gums
avec frénésie.
– Il faut… il faut que j'aille prévenir quelqu'un, dis-je gravement.
30 Tu es en train d'accoucher.
Derrière ses larmes et ses cheveux jaunes, poisseux de
transpiration, Patty me dévisage avec terreur.
– J'veux pas ! crie-t-elle. J'veux pas accoucher ! Mado ! Me laisse
pas toute seule !
35 Et aussitôt, une nouvelle contraction lui arrache une grimace
de douleur. Son corps se raidit, ses reins se creusent, elle fait des
gestes désordonnés, puis son dos retombe sur le canapé. Elle se
met à pleurer.

---

2 **en phase terminale** tout à la fin – 10 **un tiroir** Schublade – 13 **ce truc bidon** *fam*
Scheußlichkeit – 15 **l'échafaud** *m* Schafott – 17 **se fourrer** *fam* se mettre – 20 **bordel !**
fam verdammt noch mal! – 21 **dans un état second** dans un état anormal – 22 **s'écrouler**
se laisser tomber – 28 **la frénésie** *ici:* l'énergie *f* – 31 **poisseux** gras – 32 **avec terreur** en
ayant très peur – 36 **se raidir** devenir raide

1 Je m'empare du bouquin et tourne les pages à toute vitesse. Les
chapitres défilent : « Les prémices de l'accouchement », « Le
départ pour l'hôpital », « Votre valise-bébé est-elle prête ? », « La
salle d'accouchement », « L'anesthésie »… Tu parles ! Dans ce
5 bouquin, personne n'a prévu que ma frangine puisse accoucher
dans un bled paumé de l'Ardèche, un beau matin du mois
d'août, avec pour seule famille une pauvre Mado de quinze ans
complètement affolée… et aucun anesthésiste à moins de trente
kilomètres ! Les lignes se brouillent devant mes yeux : « Quand
10 les contractions se rapprochent (moins de deux minutes entre
chaque), prévenez votre entourage et faites-vous accompagner
à l'hôpital. » De rage, j'envoie valser le livre à travers la pièce.
– Mado ! hurle Patty. J'ai mal !
Je saisis sa main.
15 – On va se débrouiller, dis-je. Tant pis pour le médecin, c'est
trop tard. Respire comme… comme un petit chien et… attends-
moi.
Je me remets debout. Mes seules connaissances en matière
d'accouchement d'urgence, je les tiens de feuilletons aperçus à
20 la télé. On y voyait des femmes allongées dans une diligence ou
à l'arrière d'un taxi ou dans un avion en plein vol, entourées de
types au regard de velours qui leur recommandaient de respirer
comme des petits chiens. Ensuite, ils ordonnaient qu'on fasse
bouillir de l'eau et qu'on leur apporte un linge propre. Après
25 quoi, la caméra ne montrait plus rien, jusqu'à ce qu'on entende
un pleur de bébé. En général, la femme tombait dans les
pommes, puis, à son réveil, amoureuse de son sauveur… Moi,
aujourd'hui, je vais devoir inventer un scénario un peu moins
débile.
30 De l'eau bouillante. Un linge propre.
Ça, je peux.
Tandis que je m'affaire dans la cuisine et que je dévalise les
placards, j'entends Patty souffler et pleurer, gémir et crier. C'est
insupportable, interminable, irréel.
35 Quand je reviens enfin vers elle, une contraction vient de la
secouer, elle semble épuisée.
– J'ai fait… j'ai fait pipi sur moi ! pleurniche-t-elle.
– Ça ne fait rien, dis-je. On s'en fiche.

---

2 **les prémices** *fpl* les premiers signes – 4 **la salle d'accouchement** Kreißsaal – 6 **un bled**
[blɛd] **paumé** *fam* un village très loin des autres habitations – 9 **se brouiller** ≠ être clair –
12 **envoyer valser** *fam* jeter – 19 **un feuilleton** une série télévisée – 20 **une diligence**
Postkutsche – 22 **le velours** Samt – 26 **tomber dans les pommes** *fam* s'évanouir, perdre
connaissance – 32 **dévaliser** *fam* vider – 34 **interminable** sans fin

1 Je soulève le dessus-de-lit en patchwork et je glisse un drap
propre sous les jambes de Patty. Une tache sombre s'étend sur
le canapé. Ce n'est pas du sang, ni de l'urine. Elle vient de perdre
les eaux. Le dernier rempart a sauté. Aussi incroyable que cela
5 paraisse, elle va vraiment accoucher là, dans quelques instants
ou, au pire, quelques heures, sous mes yeux.
Je dépose la casserole d'eau bouillie par terre, sans savoir qu'en
faire. Est-ce pour laver le bébé quand il naît, ou pour la femme
elle-même, ou quoi ? Aucune idée. Patty fait éclater une bulle de
10 son chewing-gum.
– Qu'est-ce qui va se passer ? me demande-t-elle dans un
souffle.
– Le bébé va sortir, dis-je.
– D'accord, murmure Patty. Qu'on en finisse.
15 – Tu devras pousser.
– OK.
– Tu vas avoir super-mal.
– J'ai déjà super-mal.
– C'est comme dans les films, ajouté-je pour me donner du
20 courage. Tout va bien se passer, mais, avant, il va y avoir un
suspense terrible.
Patty parvient à rire, mais une nouvelle contraction lui coupe
la respiration.
– Pousse ! dis-je.
25 Patty m'attrape la main et serre mes doigts à les briser. Son visage
devient rouge écarlate. La contraction passe. Elle desserre son
étreinte.
– Respire. Ça va ?
– Génial… j'adore… les vacances… comme ça !
30 Nouvelle contraction, plus forte que la précédente. Patty pousse.
Un cri sort de sa gorge. Ma main semble se désintégrer dans la
sienne. Une veine violacée lui barre le front. Je pousse avec elle,
respiration bloquée, tous mes muscles contractés.
Pause. Elle reprend son souffle et lâche quelques sanglots. Par
35 terre, la casserole d'eau bouillie refroidit. J'ai l'impression d'être
dans un autre espace-temps, quelque part très loin de la Terre.
– Ah, non ! Pas encore ! hurle Patty en soulevant brutalement sa
tête de l'oreiller.
– Allez ! dis-je. Pousse !

---

3 **perdre les eaux** Fruchtwasser verlieren – 4 **le rempart** *ici:* l'obstacle – 4 **sauter** *ici:*
disparaître – 21 **un suspense** [syspɛns] **terrible** *ici:* des moments de grande douleur –
26 **rouge écarlate** scharlachrot – 26 **desserrer son étreinte** se détendre – 31 **se**
désintégrer *ici:* se casser – 32 **une veine** Ader – 32 **violacé** de couleur violette

1 Elle se cramponne à ma main, tire sur mon bras, manque de
me démettre l'épaule. Son visage est barbouillé de larmes.
Des lambeaux de chewing-gum éclaté pendouillent autour
de sa bouche. Elle pousse si longtemps que j'ai peur de la voir
5 exploser. Et soudain, ça s'arrête. La tête de Patty retombe sur
l'oreiller.
– Le bébé… le bébé, gémit-elle. Je le sens… il est descendu…
Je contemple ma sœur avec une frayeur et une admiration
indicibles. Jamais je n'aurais son courage, j'en suis certaine.
10 – Il faut que je regarde si je vois sa tête, dis-je très doucement.
Tu veux bien que je regarde ?
Elle approuve d'un simple mouvement du menton, trop épuisée
pour parler. Le cœur battant, je soulève alors le dessus-de-lit
qui la recouvre. C'est dingue ce qu'on est amené à faire quand
15 les circonstances vous y obligent…
Au moment où j'approche mon visage, Patty se remet à pousser.
Et là, entre ses jambes, je vois apparaître un petit crâne rond,
couvert de cheveux sombres. Je crie :
– Il est là, Patty ! Vas-y !
20 Patty ne crie plus. Et d'ailleurs, je ne sais pas ce qu'elle fait : je
garde les yeux fixés sur la tête du bébé, totalement hypnotisée.
Peu à peu, un visage émerge des profondeurs, puis un cou, des
épaules, des bras… Sans réfléchir, je prends délicatement ce
corps minuscule entre mes mains et je l'aide à s'extirper de son
25 tunnel de chair. La sensation est extraordinaire : c'est chaud,
collant, fragile et vivant à la fois. Au moment où le cordon
ombilical se déroule et retombe sur le drap souillé, une nausée
épouvantable me noue les tripes. Je reporte mon attention sur
le visage du bébé. Il ouvre la bouche… et il émet un grincement,
30 oui, c'est ça : un grincement. Le miaulement étrange de la vie.
Et c'est à ce moment-là que je me mets à pleurer. Les larmes
m'inondent les joues en un rien de temps et ma poitrine se
creuse de spasmes violents.
– Il est vivant, Patty ! Ton bébé est vivant !
35 Je surgis de sous le couvre-lit. Le visage de Patty est posé sur
l'oreiller, un peu pâle. Ses yeux sont grands ouverts. Elle me
sourit à la manière d'un ange exténué.

---

2 **démettre** verrenken – 2 **barbouillé** sale, taché – 3 **des lambeaux** *mpl ici:* ce qui
reste du chewing-gum – 3 **pendouiller** → pendre – 8 **la frayeur** [fʀɛjœʀ] la grande
peur – 9 **indicible** → dire – 17 **le crâne** Schädel – 22 **émerger** apparaître à la surface –
24 **s'extirper** sortir avec difficulté – 26 **le cordon ombilical** Nabelschnur – 27 **souillé**
sale – 28 **nouer les tripes** *fam ici:* avoir très mal au cœur – 32 **inonder** couvrir d'eau –
37 **un ange** Engel – 37 **exténué** épuisé, fatigué

1 – Fille ou un garçon ? me demande-t-elle.
J'ouvre des yeux effarés. Bon sang. Complètement oublié de regarder. Je replonge sous la couverture. Le petit corps est là, entre les jambes de sa mère. Sa poitrine se gonfle et se dégonfle
5 au rythme d'une respiration régulière.
– Un garçon, dis-je.
Elle hoche la tête, surprise.
– Un garçon ?
– Hmm.
10 – C'est bien.
– Comment tu te sens ?
– Ça va, murmure Patty. Je crois que j'ai avalé mon chewing-gum.

Chapitre 15

1 La demi-heure qui suit est sans doute l'une des plus folles de toute mon existence. Grâce aux indications de *J'attends mon premier enfant*, je m'improvise infirmière : je stérilise les ciseaux de cuisine à l'alcool, je coupe le cordon ombilical à dix
5 centimètres du nombril du bébé, puis, conformément au mode d'emploi, j'y fixe une pince. Ce devrait être une pince spéciale, dédiée à cet usage, mais pour le moment je n'ai rien d'autre qu'une pince à cheveux de maman, dégottée dans la salle de bains du premier étage.

10 Alors qu'elle se croyait sortie d'affaire, de nouvelles contractions surprennent Patty. Cette fois, c'est le placenta qu'elle doit expulser ; elle y consacre ses dernières forces. Sans respirer, je récupère cette enveloppe de chair, l'enroule dans un vieux torchon et envoie le tout à la poubelle.

15 Après quoi, je passe un gant de toilette tiède sur le corps du bébé, l'emmaillote dans une taie d'oreiller et le dépose sur la poitrine de Patty, qui s'est endormie.

Enfin, je m'assieds sur une chaise et je regarde.

Ai-je bien fait ? Mal fait ? Aucune idée.

20 Tout ce que je constate, c'est que je l'ai fait. J'ai surmonté mon dégoût et ma peur. Je l'ai fait.

Enfin... disons plutôt que c'est une partie de moi qui vient d'agir : une Mado insoupçonnée jusqu'à présent, une Mado en état d'urgence, dont le cerveau et les mains ont fonctionné
25 sur un générateur de secours. La vraie Mado, celle qui a quinze ans et qui ne supporte ni la vue du sang ni les odeurs fortes, est restée loin en arrière, comme assommée, inconsciente.

À cet instant, je songe à mes fiches de révision d'histoire et à la guerre de 14. Je pense aux troufions qui se sont retrouvés dans
30 les tranchées, sous les bombes, dans la boue, avec des cadavres autour d'eux. Ils devaient ressentir la même chose que moi aujourd'hui. Une partie d'eux-mêmes faisait la guerre, prenait un fusil, montait à l'assaut en hurlant, tandis que leur vrai

---

1 **suit** → suivre – 3 **une infirmière** une personne qui aide les médecins à l'hôpital – 4 **les ciseaux** *mpl* Schere – 6 **une pince** *ici:* Haarklemme – 7 **dédié** utilisé – 8 **dégotter** *fam* trouver – 10 **être sorti d'affaire** avoir fini qc – 14 **un torchon** un linge pour essuyer la vaisselle – 14 **une poubelle** Mülleimer – 16 **emmailloter** [ãmajɔte] envelopper – 16 **une taie d'oreiller** [ɔʀɛje] Kopfkissenbezug – 23 **insoupçonné** ungeahnt – 25 **le générateur de secours** Notagregat – 27 **en arrière** *ici:* très éloigné – 27 **assommé** benommen – 27 **inconscient** [ɛ̃kɔ̃sjã] unbewußt – 29 **un troufion** un soldat de la 1ère Guerre Mondiale – 33 **monter à l'assaut** attaquer l'ennemi

1 « moi » attendait quelque part, loin des morts et de la terreur. Et
tandis que Patty s'endort sur le canapé, je me dis que je viens,
en quelque sorte, de faire ma guerre. Sauf que moi, ce ne sont
pas des morts que j'ai sur la conscience, mais une vie.
5 Le bébé s'agite un peu sous le drap. Il dort, la joue aplatie sur
la poitrine de sa mère. Je vois son nez, son front, ses cheveux,
ses paupières fripées. Il est tout petit, mais il semble en bonne
santé. Je ne ressens plus rien d'autre qu'un étonnement sans
limite.
10 Soudain, un bruit de moteur me fait sursauter. J'ai dû
m'endormir un court instant, assise sur la chaise, mais, j'en suis
sûre, une voiture vient de s'arrêter non loin de la maison.
Je me redresse pour jeter un coup d'œil au-dehors.
Trois personnes sont campées devant la maison voisine : une
15 femme en tailleur d'été et un jeune couple en short. Ils en
contemplent les murs effondrés et le toit de lauzes couvert de
mousse, tandis que la femme en tailleur gesticule en avançant
vers la porte du jardin. Je la reconnais, maintenant ! C'est
l'employée de l'agence immobilière qui nous a fait visiter le
20 hameau il y a cinq ans. À l'époque, elle faisait les mêmes gestes
amples et elle m'avait amusée, avec ses talons hauts et sa voix
pointue. Je l'entends encore : « Bien sûr, je ne vous cache pas
qu'il y a quelques travaux… »
Je me penche un peu et j'aperçois les trois visiteurs qui pénètrent
25 dans le jardin en friche. La visite va durer quoi ? Dix minutes ?
Un quart d'heure maxi. Il se produit alors une sorte de déclic
dans ma tête : c'est ma chance ! Il faut que je profite de cette
voiture pour descendre au village et prévenir un médecin !
Je reviens dans le séjour. Patty dort à poings fermés, mais, tant
30 pis, je la secoue doucement pour la réveiller.
– Hmm… grogne-t-elle. Quoi…
– Patty, je dois te laisser seule un moment.
– Pas question, dit-elle.
– Si. Écoute-moi ! Il y a des gens dehors. Ils vont redescendre au
35 village. Je vais leur demander de m'emmener en voiture.
Patty ouvre les yeux.
– Tu me laisserais ici, toute seule ?
– Mais enfin, Pat, il faut qu'un médecin vienne ! Je dois
descendre au village !

7 **la paupière** Augenlid – 7 **fripé** *fam* zerknittert – 16 **une lauze** une pierre plate qui sert
de tuile sur le toit, typique en Ardèche – 17 **la mousse** Moos – 20 **à l'époque** damals –
21 **ample** large – 21 **une voix pointue** une voix forte et aiguë – 25 **en friche** ≠ cultivé –
26 **maxi** *fam* au maximum – 26 **le déclic** [deklik] l'intuition – 29 **dormir à poings fermés**
tief und fest schlafen

1 Elle prend un air boudeur et contrarié.
– Et si… le bébé pleure ? Qu'est-ce que je vais faire ?
Je hausse les épaules, désemparée, puis je regarde le petit visage qui dépasse sous le drap.
5 – Donne-lui le sein, dis-je. Il y a un chapitre sur l'allaitement dans le bouquin. Lis-le, Pat !
Et sans attendre, je monte m'habiller et me rafraîchir un brin. Je m'apprête à sortir quand Patty me rappelle. Elle s'est redressée. D'une main maladroite, elle tient le bébé contre elle.
10 – Tu ne vas avertir aucun médecin, lâche-t-elle. Ce serait une erreur totale, ma vieille.
Je la regarde, incrédule. Elle poursuit :
– Si un toubib vient ici, il va m'envoyer à l'hosto avec le bébé. C'est sûr.
15 – Et alors ? Ça vaut peut-être mieux, non ?
– Réfléchis, Mado ! À l'hôpital, ils vont me demander mes papiers, ils vont m'enregistrer… En un rien de temps, tu peux être certaine qu'on aura le juge des tutelles, les assistantes sociales et tout le toutim sur le dos !
20 – Mais…
– Y'a pas de « mais » ! Si le juge apprend, comme ça, en plein mois d'août, que j'ai eu un bébé, qu'est-ce qu'il va faire à ton avis ?
Je hausse les épaules.
25 – Il va piquer sa crise, Mado ! C'est sûr ! Je lui ai caché que j'étais enceinte, tu vois le malaise ?
Oui, je commence à entrevoir le malaise. Ce mensonge par omission risque de faire mauvais effet et Patty pourrait se voir retirer sa tutelle.
30 – Et c'est toi qui vas trinquer ! conclut Patty. Ils vont venir te chercher et t'envoyer illico dans un foyer de la DDASS ! C'est évident !
Je sens mes forces m'abandonner. À brûle-pourpoint, comme ça, il me semble que Patty a raison et je vois déjà les murs d'un
35 foyer se dresser devant moi, hauts comme ceux d'une prison…
Ça, jamais !
– Mais alors, qu'est-ce que… qu'est-ce qu'on… ? bafouillé-je.

---

1 **boudeur** de mauvaise humeur – 1 **contrarié** fâché – 3 **désemparé** sans savoir quoi dire, sans savoir quoi faire – 5 **l'allaitement** *m* Stillen (→ allaiter) – 7 **un brin** *fam* un peu – 12 **incrédule** sceptique – 13 **un toubib** [tubib] *fam* un médecin – 13 **un hosto** *fam* un hôpital – 19 **et le toutim** [tutim] *fam* et tout le reste, tout le monde – 25 **piquer sa crise** *fam* s'énerver – 27 **le mensonge par omission** Unterlassungslüge – 30 **trinquer** *fam ici*: supporter les conséquences – 33 **à brûle-pourpoint** brusquement, soudain – 37 **bafouiller** parler d'une manière peu claire

1 – Faut qu'on gagne du temps. Jusqu'ici, on a été championnes, pas vrai ?
Je hoche la tête. On s'en est sorties, mais…
– Alors, on va continuer toutes seules, assure Patty. Tu vas
5 descendre au village rafler tout ce que tu pourras à la supérette et à la pharmacie… De quoi changer le petit, le laver, l'habiller, le nourrir, je te laisse voir, tu sauras mieux que moi. Ensuite, tu reviens ici, et puis, dans quelques jours, on aura les idées plus claires sur ce qu'on peut faire. D'accord ?
10 Comme tout paraît simple et évident dans la bouche de Patty ! Tu fais ci, tu fais ça, paf, paf, emballé, c'est pesé. Son monde est limpide, facile comme dans une série télé… Mais, en fin de compte, qui se coltine la réalité ?
Elle me secoue par les épaules :
15 – T'endors pas ! Je n'ai pas envie de rester des heures à t'attendre ! Et surtout, prends mon portefeuille et ma Carte bleue !
Ai-je le choix ? Non, pas vraiment.
Il y a bien une petite voix lointaine, dans ma tête, qui me dit que je ferais mieux d'avertir un médecin malgré tout, mais je
20 suis tellement déboussolée par cette suite d'événements hors du commun que je me lève et sors de la maison, obéissante comme un toutou.
Dehors, le soleil m'accable instantanément. Les cigales, le bleu du ciel, le parfum léger du fenouil sauvage, les gargouillis de la
25 rivière, tout me paraît étrange.
Au moment où je m'approche de la voiture, l'employée de l'agence immobilière surgit de la maison voisine. Elle me fait un grand sourire et un signe de la main.
– Bonjour ! Alors, ça y est ? En vacances ?
30 Sa question me paraît d'une platitude extraordinaire. Je réponds :
– Oui.
Elle s'avance vers moi, les deux clients sur ses talons, et continue sur le même mode :
35 – Vous êtes là depuis longtemps ?
– Heu… une semaine, non, dix jours, je ne sais plus trop.
– C'est calme, cette année, non ? Les Hollandais ne sont pas venus ?

---

1 **un champion** le meilleur – 3 **s'en sortir** se débrouiller – 5 **rafler** *fam* acheter – 5 **une supérette** *fam* un petit supermarché – 11 **emballé, c'est pesé** *fam* c'est une affaire conclue – 13 **se coltiner qc** *fam ici:* s'occuper de qc de pénible – 16 **la Carte bleue** la carte bancaire – 20 **déboussolé** désorienté – 22 **un toutou** *fam* un petit chien – 24 **le fenouil** [fənuj] Fenchel – 24 **sauvage** ce qui pousse dans la nature – 24 **les gargouillis** [gaʁguji] *mpl* Gluckern

1   Je soupire.
    – Repartis hier.
    La vendeuse se tourne vers le couple de clients.
    – Eh bien voilà, je vous présente votre future voisine, alors !
5   Le couple me salue d'un hochement de tête. Je ne suis pas en
    état de faire la conversation, alors je vais droit au but :
    – Vous redescendez au village ?
    – Eh bien… oui, sans doute, me sourit l'employée. Nous allons
    passer à l'agence pour signer quelques papiers.
10 – Ça vous ennuierait de m'emmener ? J'ai des courses à faire.

    Quelques heures plus tard, je reviens au hameau à bord d'un
    tracteur qui m'a prise en stop. Le type, qui doit avoir d'autres
    soucis, n'a pas l'air particulièrement surpris de voir une gamine
    de mon âge transportant trois paquets de couches, un sac
15 rempli de produits pharmaceutiques divers, des boîtes de lait
    maternisés en poudre, deux biberons flambant neufs, du coton,
    des tétines, des brassières, des pyjamas taille « naissance »
    dégottés par miracle dans la minuscule mercerie du village et
    … un petit nounours en peluche de couleur bleue que je n'ai
20 pas pu m'empêcher d'ajouter à la liste de première nécessité.
    Je tiens également sur mes genoux un tas de prospectus piochés
    dans un tourniquet publicitaire à la pharmacie et qui expliquent
    de long en large comment on doit s'occuper d'un nourrisson. Je
    passe les huit kilomètres du retour à les lire, très concentrée,
25 tout en me demandant si j'ai acheté suffisamment, si j'ai pris la
    bonne marque, la bonne taille, le bon produit, etc.
    Ce n'est qu'en arrivant, et après avoir salué le conducteur du
    tracteur, que je réalise cette chose incroyable : j'ai pris la route
    de la grange Montée.
30 Et non seulement je l'ai prise, mais, en plus, je n'ai pas eu peur,
    ni envie de pleurer, ni rien. Mon esprit était tellement focalisé
    sur ma mission présente qu'il a carrément mis le reste de côté, et
    pas un moment je n'ai pensé à l'accident de papa et maman !
    Sur le coup, j'en reste tétanisée, debout au milieu du chemin,

---

5 **un °hochement de tête** un léger signe de la tête – 6 **je vais droit au but** [by(t)] je dis
directement et clairement ce que je veux – 14 **une couche** Windel – 15 **pharmaceutique**
→ la pharmacie – 15 **du lait maternisé** du lait qui ressemble le plus au lait de la mère –
16 **un biberon** une bouteille qu'on donne au bébé – 16 **flambant neuf** tout neuf – 17 **une
tétine** Schnuller – 17 **une brassière** un sous-vêtement pour les bébés – 18 **la mercerie**
le magasin où s'achète le linge (Weißwarenladen) – 19 **un petit nounours en peluche**
kleiner Teddy – 21 **pioché** pris, trouvé – 22 **un tourniquet** Drehständer – 23 **de long en
large** dans le détail – 23 **un nourrisson** le bébé qui doit être nourri – 31 **être focalisé sur**
être concentré sur

1   avec une grosse boule dans la gorge. C'est un peu comme si
    j'étais passée dans le cimetière et que j'avais oublié de m'arrêter
    sur leur tombe ; une forme de trahison, d'abandon. Comment
    ai-je pu monter dans la voiture, puis dans le tracteur, suivre
5   les lacets de cette route et ne pas faire le rapprochement ?
    Comment ai-je tout bonnement pu penser à autre chose ?! C'est
    insensé, mais mes seules préoccupations étaient « couches »,
    « biberons », « pommades », « lait »… Je pensais « Patty », je
    pensais « bébé », mais à aucun moment je n'ai songé « freins qui
10 lâchent », « mort » ou « précipice » !
    Je traîne mes paquets comme des boulets jusqu'à la maison,
    pousse la porte, prête à fondre en larmes sous le poids des
    remords, mais Patty et le bébé ne m'en laissent pas le temps.
    – Vite, Mado ! J'en peux plus ! appelle Patty depuis le séjour.
15 Je me précipite à la rescousse. Ma grande godiche de sœur se
    tient assise, raide comme un i, le petit hurlant plus fort qu'une
    sirène dans les bras.
    – J'sais pas ce qu'il a, putain ! Il braille comme ça depuis tout à
    l'heure !
20 – Il a faim ! dis-je.
    – J'ai essayé de lui donner ! se justifie Patty en sanglotant. Ça ne
    marche pas ! Je n'ose plus le poser ! J'ai mal aux seins, j'ai des
    crampes partout et…
    Elle me regarde avec toute la détresse du monde :
25 – Prends-le, s'il te plaît !
    Je m'approche d'elle et saisis très doucement le bébé sous
    les aisselles, en ayant soin de lui maintenir la nuque, tels que
    le recommandent les prospectus de la pharmacie. À peine
    débarrassée de son fardeau, Patty se lève et marche en canard
30 jusqu'aux toilettes.
    Je regarde le bébé qui ouvre la bouche et émet des gargouillis.
    – Là, là… dis-je d'une voix que j'espère convaincante, ne
    t'inquiète pas… Mado va te donner à manger.
    Et c'est comme ça que je me retrouve dans la cuisine à préparer
35 le premier biberon de toute ma vie. J'ai bien peur que ce ne soit
    pas le dernier…

---

1 avoir une grosse boule dans la gorge einen Knoten im Hals haben – **3 la trahison**
Verrat – **3 l'abandon** *m* → abandonner – **5 un lacet** Serpentine – **6 tout bonnement** *fam*
tout simplement – **10 un précipice** Abgrund – **11 un boulet** Bürde – **12 fondre en larmes**
pleurer tout d'un coup – **15 à la rescousse** [ʀɛskus] au secours – **15 une godiche** *fam* une
personne naïve, un peu bête – **18 brailler** crier très fort – **24 la détresse** le désespoir –
29 débarrassé de libre de – **29 un fardeau** une charge pesante – **29 un canard** Ente

Chapitre 16

Nuit du 11 au 12 août

1 Je suis allongée sur le lit, à côté de Sander. Nous partageons les
écouteurs du walkman, mais ce n'est pas de la musique que
j'entends : juste les battements de mon cœur affolé, de mon
cœur émerveillé, de mon cœur incendié.

5 Sur le mur, face à moi, papa et maman me sourient ; je les ai
dessinés de mon mieux tout en sachant que Britt risquait de
se fâcher en découvrant les traits de feutre, mais l'amour, ah !
l'amour.

– Tu viens te baigner ? me demande Sander.

10 C'est curieux, mais je comprends désormais parfaitement sa
langue, comme si mon esprit était entré en communication
avec le sien, par une sorte de télépathie.

Je me penche et, soudain, je m'aperçois que le lit flotte dans
la rivière. Je ris aux éclats et m'apprête à plonger, quand Patty

15 surgit dans la chambre. Elle s'est teint les cheveux en mauve et
ses yeux sont barbouillés de mascara.

– Le fil ! hurle-t-elle. Il faut couper le fil !

Je panique. Les écouteurs du casque du walkman semblent
collés à mon oreille… et, à l'autre extrémité, ce n'est plus

20 Sander, mais le bébé qui pleure ! Je tire de toutes mes forces
sur le casque, sans succès. Le bébé pleure de plus belle. Patty
avance vers moi, des ciseaux gigantesques à la main, presque
menaçante.

– Il faut couper ça ! crie-t-elle d'une voix étrange.

25 Je commence à pleurer. Non, il ne faut rien couper du tout !
Sinon, le bébé va mourir ! Sander réapparaît. Il me prend par la
main et nous courons. Nous détalons sur la route en lacet qui
descend au village… la route de la grange Montée.

– Pas si vite ! dis-je.

30 Mais Sander accélère encore. Je hurle :

– Freine ! Freine !

Derrière moi, brinquebalé, le bébé roule sur le bitume. J'ai peur
de lui faire mal, mais je ne parviens pas à ralentir ma course.

---

4 **émerveillé** entzückt – 4 **incendié** qui a pris feu – 7 **le feutre** Filzstift – 7 **les traits** *mpl*
de feutre les lignes de feutre – 13 **flotter** être à la surface de l'eau – 15 **mauve** couleur
violette très claire – 21 **de plus belle** très fort – 27 **détaler** *fam* s'en aller vite – 30 **accélérer**
[akselere] augmenter la vitesse – 32 **brinquebalé** *fam* secoué de droite à gauche – 32 **le**
bitume l'asphalte

1 – Mado ! appelle Patty. J'ai besoin de toi !
Elle est en train de nager dans la rivière, en contrebas de la route. Des vagues furieuses la submergent et elle boit la tasse, tandis que le juge des tutelles pêche à la ligne, assis sur le rocher,
5 indifférent à sa détresse.
Le bébé pleure. Patty m'appelle.
Sander me serre la main. Je m'enfuis en me bouchant les oreilles.
Je sais que je regretterai toute ma vie d'avoir laissé Patty se noyer, et pourtant je suis heureuse de m'en aller avec Sander.
10 Le bébé pleure. Patty m'appelle.
Derrière moi, sur la route de la grange Montée, des soldats de la guerre de 14 tombent sous les obus ennemis. Ils ont des visages stupéfaits, mais moi, je sais qu'il n'y a pas de quoi s'étonner, car c'est la guerre. Et quand il y a la guerre, les soldats meurent. Et
15 les bébés pleurent et Patty m'appelle. Je trébuche en me prenant les pieds dans des barricades.
– Ne la laissez pas s'enfuir ! s'écrie un homme immense, que je reconnais comme étant le Kaiser.
Il me désigne du doigt. Les barricades sont faites de dizaines
20 et de dizaines de paquets de couches taille naissance. Je marche sur des mains de bébés, et c'est atroce. Je pleure, je crie. Patty m'appelle et les feuilles des arbres s'envolent dans le vent, emportant Sander dans un tourbillon. Soudain, je ne comprends plus le hollandais et c'est ça qui me réveille.
25 – Je ne comprends plus le hollandais ! dis-je à voix haute.
Je me redresse sur un coude, essoufflée, effrayée. C'était un cauchemar épouvantable. Il faut que j'allume la lumière. Je suis dans ma chambre, dans la maison de campagne. Aucun Kaiser, aucun soldat, aucun juge des tutelles. Sander non plus n'est pas
30 là… Je pose une main sur ma poitrine. J'ai la bouche tellement sèche ! Il faut que je me lève pour boire.
J'ouvre la porte de ma chambre, les jambes encore chancelantes d'émotion. Le cauchemar est fini. Pourtant, j'entends encore nettement les pleurs du bébé et les appels de Patty.
35 Dans le couloir sombre, je tends l'oreille :
– Mado… Mado… gémit ma sœur.

---

3 **submerger** couvrir complètement d'eau – 3 **boire la tasse** boire trop d'eau – 4 **pêcher à la ligne** angeln – 7 **je m'enfuis** je m'éloigne très vite (→ s'enfuir) – 7 **se boucher les oreilles** mettre les mains contre les oreilles – 8 **se noyer** ertrinken – 12 **un obus** Granate – 15 **trébucher** perdre l'équilibre – 15 **se prendre les pieds dans les barricades** sich verfangen – 23 **le tourbillon** le vent très fort qui tourne – 26 **essoufflé** qui perd son souffle – 26 **effrayé** verängstigt – 27 **un cauchemar** un mauvais rêve – 27 **épouvantable** terrible – 32 **chancelant** tremblant (→ chanceler) – 35 **un couloir** une entrée de maison

1 Ça provient d'en bas. C'est parfaitement réel.
Quand j'arrive dans le séjour, je trouve Patty debout, le bébé dans les bras. Elle est en larmes.
– Qu'est-ce qui se passe ? dis-je, encore à moitié sonnée par
5 mon cauchemar.
– Je sais pas quoi faire, sanglote Patty. Il n'arrête pas de pleurer… je ne peux pas dormir !
Je secoue la tête pour me réveiller complètement, puis je m'approche d'elle.
10 – Tu lui as donné un biberon ?
Patty me fait signe que non.
– Je ne sais plus les doses, gémit-elle.
– Mais… enfin, je t'ai tout expliqué hier soir !
Patty sanglote plus fort. Elle ne se souvient plus de rien. Trop de
15 fatigue, trop de tension. Impossible de faire un biberon.
– OK, dis-je. On va arranger ça.
Je prends le bébé des bras de Patty et demande à celle-ci de me suivre dans la cuisine. Là, je découvre les deux biberons posés sur la table, à moitié remplis de lait en poudre et d'eau.
20 – J'ai essayé, tu vois ! se désole Patty. Mais ça ne ressemblait pas à ce que tu m'as montré. La poudre ne se mélange pas, je n'y comprends rien !
Je pousse un soupir las. Avec son atrophie du cerveau, Patty a toujours eu du mal à retenir les chiffres. Résultat, un beau
25 gâchis. Si ça continue comme ça, il va falloir que je retourne à la pharmacie dans deux jours pour racheter du lait ! Je fais doucement passer le bébé sur mon bras gauche et je demande :
– Tu n'as pas fait chauffer l'eau ?
30 – Il fallait ? renifle ma sœur.
Je hoche la tête, désabusée. L'horloge du four indique 3 h 14. Un frisson de fatigue me traverse le dos. Il n'y a plus qu'à tout recommencer. Dans mes bras, le bébé s'agite et continue de couiner. Il fait pitié à voir, mais pas autant que Patty, pieds nus
35 devant l'évier, débraillée, ses cheveux jaune et noir en bataille, avec ses oreilles percées dans tous les sens et sa coquetterie dérisoire, malmenée par la vie, ses yeux rouges, son ventre mou… Je ne peux m'empêcher de rire en songeant aux photos de jeunes mères qui illustrent les pages de *J'attends mon*

---

4 **sonné** *fam* benommen – 20 **se désoler** se désespérer – 25 **le gâchis** le désordre – 31 **désabusé** désillusionné – 31 **un four** Backofen – 34 **couiner** wimmern – 35 **un évier** Ausguß – 35 **débraillé** négligé – 35 **les cheveux** *mpl* **en bataille** les cheveux en désordre – 36 **percé** avec de petits trous – 37 **dérisoire** ridicule

1 *premier enfant* : leurs visages épanouis, leurs yeux étincelants de bonheur, leurs poses tranquilles devant le photographe. Avec Patty, cette nuit, dans cette cuisine, on est loin du cliché parfait !

5 Quelques instants plus tard, biberons propres, eau chaude, lait bien mélangé, visage plus détendu, Patty se cale dans le fauteuil du salon, son bébé au creux du bras. Le petit tète comme un furieux, et le silence (enfin !) retombe sur la maison. Je m'affale sur le canapé pour regarder faire ma sœur. Les sourcils froncés,
10 elle s'applique. Je soupire. Des bribes de mon cauchemar passent devant mes yeux irrités de sommeil. Je me revois, courant sur cette route avec Sander. En fait, je ne sais pas ce qui a l'air le plus réel : être ici, dans le silence nocturne avec Patty et son bébé, ou bien là-bas, à courir comme une dératée loin de
15 tout ce bordel ? Il y a seulement deux jours, tout était normal. J'avais quinze ans, un amoureux, un été pour moi. C'était bien. Maintenant…

Le bébé tousse et s'étrangle en recrachant un peu de lait. Patty tressaille.
20 – Eh ! Mais qu'est-ce qu'il fabrique ?

– Il boit trop vite, dis-je. Tu as vu qu'il y a des vitesses sur le biberon ?

Patty se penche et observe la tétine tandis que le petit se remet à pleurer.
25 – Tu ne veux pas le faire ? me demande Patty avec espoir.

Je secoue fermement la tête. Hors de question. Ce bébé n'est pas le mien. J'accepte de rendre service et, sur ce plan, je crois avoir fait mes preuves, mais je refuse de prendre tout en charge.

– Pff… soupire Patty.
30 Je dois reconnaître qu'à cet instant je lui en veux terriblement. Sa légèreté, son insouciance… voilà où ça nous mène ! Vacances foutues, nuits foutues.

– Je remonte me coucher, dis-je. Tu te débrouilles très bien. Bonne nuit.
35 Alors que j'enjambe les premières marches de l'escalier, Patty me rappelle.

– Quoi ? dis-je avec humeur.

– Je suis désolée.

---

7 **têter** boire au biberon ou au sein – 10 **des bribes** *fpl* des petits morceaux – 14 **courir comme une dératée** courir très vite comme une folle – 15 **ce bordel** *fam* ce désordre – 18 **s'étrangler** *ici*: sich verschlucken – 18 **recracher** ausspucken – 19 **tressaillir** [tʀesajiʀ] trembler très fort – 28 **j'ai fait mes preuves** *fpl* j'ai bien montré que je suis capable de faire qc – 28 **prendre tout en charge** s'occuper de tout – 30 **je lui en veux** je suis fâché contre elle (→ en vouloir à qn)

1 Je me retourne. Patty me dévisage, perdue et penaude. Je hausse
les épaules, manque de lui dire que « mais non, mais non, tout
va bien », puis me ravise et monte dans ma chambre sans autre
commentaire. Qu'elle reste un peu seule avec sa mauvaise
5 conscience, après tout, ça ne peut pas lui faire de mal !

Quand j'ouvre les yeux, un rayon de soleil lèche le plancher
et des particules de poussière valsent lentement dans le rai
de lumière chaude. Je m'étire comme un chat, enfin reposée
après toutes ces nuits perturbées. Il doit être tard. Roulée en
10 boule sous le drap, je mets à profit ce moment de calme pour
réfléchir.
Peut-être devrions-nous avancer la date de notre départ et
rentrer à la maison d'ici à quelques jours, une fois que Patty sera
en état de marcher sans avoir l'air d'un pingouin ?
15 Peut-être ferions-nous mieux de contacter l'assistante
sociale afin d'obtenir un rendez-vous ? Elle doit pouvoir
nous conseiller… c'est son boulot, même ! Et puis, si nous la
supplions à genoux, elle ne sera pas obligée de mettre le juge
des tutelles au courant !
20 Je me retourne et m'allonge sur le dos, les yeux vagabondant
sur les fissures du plafond. À quoi va ressembler notre vie,
maintenant ? Deux sœurs orphelines et un mouflet ! Je souris,
attendrie, en imaginant le bébé marcher à quatre pattes à
travers l'appartement… Il faudrait trouver un moyen de le faire
25 garder pendant que Patty sera de service au restaurant, mais le
soir, ce sera plus simple : je serai là ! Baby-sitter de luxe !
Je remonte mes genoux sous le drap et grimace. Baby-sitter
à demeure, moi, c'est bien pratique, mais tout de même, ça
risque de devenir pesant, à la longue ! Pas de sortie, pas de
30 soirées tranquilles… Et puis, impossible d'emmener bébé
« Chez Lolo » ! Un si petit garçon, dans cette atmosphère
enfumée, dans le bruit du flipper et les rires gras des piliers de
comptoir : pas question ! À y regarder de plus près, ce ne sera
pas si idyllique. Alors quoi ? Le placer à la DDASS ?
35 Je frémis. Moi-même, je me pendrais plutôt que mettre les
pieds dans un foyer, alors comment imaginer y envoyer un bébé
sans défense ?! Non, ce serait trop cruel !

---

1 **penaud** kleinlaut – 7 **le rai de lumière** *litt* le rayon de lumière – 9 **une nuit perturbée**
≠ une nuit calme – 21 **une fissure** Riss – 22 **un mouflet** *fam* un bébé – 23 **attendri**
touché (→ attendrir) – 28 **moui** *fam* mais oui – 32 **un pilier de comptoir** [kɔ̃twaʀ]
fam qn qui est toujours dans un bar – 35 **frémir** trembler – 35 **je me pendrais**
→ se pendre (sich erhängen) – 36 **un foyer** *ici:* un orphelinat (Waisenhaus)

1   ...
Une pensée épouvantable me glace le cœur. Je viens de réaliser
que c'est lui ou moi. Nous sommes chacun dans un plateau
de la balance. Pile c'est lui qui part, face c'est moi. Et Patty, au
5   milieu de nous deux, écartelée !
Je repousse brusquement le drap, me lève d'un bond et sors de
ma chambre. Il faut que je parle à Patty. Il faut qu'on trouve une
solution, une bonne solution. Pour nous trois !
Je descends au séjour. Personne. Passe à la cuisine. Personne.
10 Salle de bains ? Nobody.
Perplexe, je remonte à l'étage, supposant que Patty a peut-être
réintégré sa chambre avec le bébé. Je pousse doucement sa
porte : la chambre est vide. Ne reste que deux pièces à visiter :
d'abord la salle de bains du haut, vide également, et enfin... la
15 chambre de papa et maman.
Je marche sans bruit, un peu tendue, jusqu'au bout du couloir.
Depuis que nous sommes arrivées, cette chambre est restée
à l'abandon, condamnée définitivement par la tristesse et la
douleur du souvenir. Pour moi, elle est devenue un sanctuaire
20 interdit. Mais pour Patty ?
J'appuie sur la poignée et ouvre la porte. Il fait sombre dans
la chambre-sanctuaire, car les volets sont toujours fermés. Le
temps que mes yeux s'habituent à l'obscurité, je reste figée
sur le seuil. J'ai peur d'entrer, peur de revoir brusquement
25 mes parents, comme autrefois, enfouis dans le fouillis du lit,
tranquillement endormis. L'été de mes dix ans, je me rappelle
être venue chaque matin les réveiller. Je me glissais entre eux,
j'embrassais l'un, puis l'autre, et la journée démarrait comme
ça, par des galipettes et des papouilles...
30 Des larmes jaillissent. Je n'aurais pas dû ouvrir cette porte. Je
n'aurais pas dû revoir ces images.
Un gouffre de douleur s'est ouvert sous mes pieds. Un trou
ténébreux et infini, comme un néant absolu qui m'aspire. Je
perds l'équilibre, je tombe !
35 Mes mains rencontrent soudain le plancher poussiéreux. Je suis
bel et bien tombée, mais le gouffre n'existe que dans ma tête.
– Mado ? s'inquiète une voix, à l'autre bout du couloir. Qu'est-

---

4 **pile ou face** les deux côtés d'une pièce de monnaie (Kopf oder Zahl) – 5 **écartelé**
d'opinion partagée – 19 **un sanctuaire** Heiligtum – 21 **une poignée** Türklinke –
23 **l'obscurité** [ɔpskyʀite] f ≠ la clarté – 25 **le fouillis** fam le désordre – 29 **une galipette**
fam Purzelbaum – 29 **des papouilles** [papuj] fpl fam Tätscheln – 30 **jaillir** sortir
soudainement – 33 **ténébreux** litt obscur – 34 **l'équilibre** m la balance – 36 **un gouffre**
un trou très profond dans la terre (Abgrund)

1 ce que tu fais ? Qu'est-ce qui se passe ?
Je relève la tête. Patty est là, qui vient vers moi.
– Tu as crié, dit-elle. Ça va ?
Je croise son regard, incapable de prononcer un mot.
5 – Viens, murmure-t-elle en me tirant hors de la chambre. Il ne
faut pas aller là. C'est fini, maintenant.
Elle referme la porte et m'enveloppe dans ses bras. Je n'arrive
même plus à pleurer. Les sanglots restent bloqués dans ma
poitrine. Patty me secoue :
10 – Mado ! Tu vas tourner de l'œil ou quoi ? Mado !
Je sens des picotements au bout de mes doigts et je devine que
Patty me tapote les joues en répétant mon nom, de plus en
plus fort. Enfin, peu à peu, il me semble que je refais surface,
que mes oreilles se débouchent, que mes yeux retrouvent leur
15 fonction, que mon corps existe de nouveau.
– Eh ben, soupire Patty. T'es pas passée loin.
– Je te cherchais, dis-je dans un souffle.
– J'étais dehors. On s'est baladés, le bébé et moi. Tu dormais si
bien que j'ai préféré l'emmener loin de tes oreilles. Il pleurait
20 trop fort, ça t'aurait réveillée.
De nouveau, ma gorge se serre et les larmes montent. Patty
passe sa main sur ma figure :
– Eh ! Ça suffit les larmes dans cette baraque, hein ! Tu veux faire
concurrence au bébé ou quoi ?
25 J'enroule mes bras autour de ma sœur et je la serre de toutes
mes forces, avec l'impression extraordinaire de sortir enfin d'un
long tunnel et de retrouver l'air, la lumière, l'été.

---

10 **tourner de l'œil** *fam* s'évanouir – 11 **des picotements** *mpl* Kribbeln – 13 **refaire surface**
ici: rentrer dans la réalité

Chapitre 17

13 août, début d'après-midi

1 Vert gazon, blanc d'œuf, noir d'encre, rose bonbon, bleu lagune. Les flacons de vernis à ongles sont alignés sur la table de la cuisine. Patty les observe avec l'air d'un peintre qui va réaliser un chef-d'œuvre. Lequel choisir ? Lequel s'harmoniserait le
5 mieux avec l'humeur du jour ? À mon grand soulagement, elle met le noir de côté.

Patty n'est pas sombre, aujourd'hui. Elle a enfin réussi à prendre une douche et à se laver les cheveux. Ce matin, vers 6 heures, elle m'a confié le bébé comme convenu et je m'en suis occupée
10 jusqu'à midi, tandis qu'elle récupérait. Ça lui a fait du bien. Quant à moi, j'ai eu du mal à retrouver le sommeil tant le bébé s'agitait. Il poussait des petits cris incompréhensibles et j'ai fini par le prendre contre moi, même si, dans les prospectus, ils disent qu'il ne faut pas.

15 Je me suis longuement demandé comment j'étais, moi, quand j'étais bébé. Est-ce que maman me posait contre elle, la nuit, pour m'endormir ? Est-ce qu'elle me trouvait belle ? Moi, quand je regarde ce bébé, je n'arrive pas à le trouver beau : il est petit et rouge, avec une drôle de trombine aplatie.

20 Les doigts de Patty hésitent et papillonnent au-dessus des flacons. Soudain, elle s'empare du rose bonbon et, souriante, entreprend la décoration de ses orteils.

– Tu peux pas savoir ce que c'est bon de pouvoir se pencher en avant, dit-elle en s'arc-boutant. J'en avais ma claque de
25 ressembler à une barrique.

Je suis assise en face d'elle, les yeux dans le vague. Il fait beau par la fenêtre ouverte et une petite brise s'amuse à bousculer les feuilles du figuier. Dans le séjour, le bébé dort sur le matelas ; j'ai posé le nounours en peluche près de lui, pour faire plus gai.

30 – À quoi tu penses ? m'interroge Patty.

– Hein ? À rien.

– Mais si ! rigole Patty. Tu penses à Sander.

Je hausse les épaules, un sourire timide sur les lèvres. Je pensais à lui, c'est vrai. J'essayais de me souvenir avec précision de
35 sa bouche et de la sensation que j'ai éprouvée lorsqu'il m'a

---

19 **la trombine** *fam* le visage – 20 **papillonner** passer constamment d'une chose à une autre (→ comme un papillon) – 24 **s'arc-bouter** [saʀkbute] s'appuyer – 24 **une claque** une gifle – 25 **une barrique** Fass

1 embrassée. Cet événement me paraît à la fois très récent et très
ancien.
– Et toi, tu penses souvent à Daan ? dis-je.
Patty s'arrête, le pinceau à vernis au-dessus du vide.
5 – Tout le temps.
Je frissonne malgré la chaleur. Le ton de sa réponse n'appelle
aucune moquerie.
– Et Luigi ? osé-je demander après un temps.
– Ce crétin ? Qu'il aille en enfer !
10 Je fronce les sourcils.
– Tu ne devrais pas dire des choses pareilles, Pat. Luigi est le
père de ton enfant, je te rappelle.
– Oublie-le.
– Pourquoi ? Il serait peut-être content d'apprendre qu'il a un
15 fils, non ?
– Pff ! Ça m'étonnerait ! À l'heure qu'il est, il doit roucouler avec
l'autre dinde, là, sa Caroline… qu'il aille se faire voir, je te dis.
Je retourne à ma rêverie, tandis que Patty, langue pendante,
trempe le pinceau, enduit ses ongles, retrempe, réenduit, etc.
20 Même si je trouve cette activité sans intérêt, je suis contente
de la voir faire. C'est le signe qu'elle va mieux et que les choses
rentrent dans l'ordre. De l'ordre, il en faut dans la vie. Sinon, on
part à la dérive, comme un bout de bois qui flotte.
Brusquement, je m'aperçois que j'ai envie d'aller à la rivière.
25 Envie de plonger dans l'eau fraîche, de jouer dans le courant,
de paresser au soleil sur le rocher plat. J'en parle à Patty.
– Une baignade ? grimace-t-elle. T'es malade ! Mon vernis n'est
pas sec.
Bien sûr, suis-je bête. Bon, alors, qu'est-ce qu'on fait ? Avant,
30 quand papa et maman étaient vivants, il nous arrivait de
descendre dans la vallée, comme ça, pour changer, rompre avec
le rythme langoureux des vacances au hameau. On s'offrait une
promenade à cheval, une séance au club d'escalade ou tout
simplement une glace à la terrasse d'un café. Aujourd'hui, j'ai
35 besoin de prendre l'air, de sortir de cette maison confinée, qui
sent le lait, les couches sales et le bébé.
Tiens, justement, à propos de bébé, le voilà qui recommence à
pleurer… Du coin de l'œil, je vois Patty sursauter et tourner la
tête en direction du séjour.

9 **l'enfer** [ɑ̃fɛʀ] *m* ≠ le paradis – 16 **roucouler** turteln – 17 **une dinde** *fam* une idiote –
17 **aller se faire voir** *fam* Leine ziehen – 19 **enduire** recouvrir – 23 **partir à la dérive** se
laisser aller – 32 **langoureux** *ici:* lent, mélancolique – 33 **l'escalade** [ɛskalad] *f* le fait de
grimper sur des rochers

1 – Et merde, murmure-t-elle. Il peut pas nous laisser tranquilles plus d'une heure, non ?
Je consulte l'horloge du four. Le dernier biberon remonte à une heure et demie, à peine.
5 – Qu'est-ce qu'il a ? me demande Patty.
– Je n'en sais rien.
– C'est chiant, dit-elle. Je ne pensais pas qu'un nourrisson pouvait à ce point pourrir l'ambiance.
Elle plonge le pinceau dans le flacon et passe au pied gauche. Il
10 semblerait qu'elle n'ait pas envie de s'occuper du bébé. Quant à moi, j'ai déjà donné ce matin : pas question non plus que je me lève de ma chaise. Quand j'y songe, ces vacances sont vraiment bizarres. Depuis que nous sommes arrivées, je n'ai pas ouvert un livre, pas écrit une seule lettre, rien.
15 Le bébé pleure. Patty se mure dans son silence d'artiste. Je remue sur ma chaise, vaguement énervée. Si elle croit que je vais craquer, elle se met le doigt dans l'œil. Et puis, je n'aime pas du tout sa façon de parler du bébé. Est-ce qu'une mère a le droit de dire : « C'est chiant, mon bébé me pourrit l'ambiance » ? Si
20 l'auteur de *J'attends mon premier enfant* entendait Patty, je suis sûre qu'il ferait une attaque, parce que, d'après lui, une mère est douce comme le miel, calme comme un moine zen, et aucun gros mot ne sort jamais de sa bouche.
Cependant, au bout de dix minutes de pleurs incessants, je n'y
25 tiens plus :
– Va le chercher, Patty ! Ça me stresse de l'entendre hurler comme ça !
– Qu'est-ce que j'y peux ? me rétorque-t-elle. Je ne vais pas lui donner encore à manger ! Tu veux qu'il me vomisse dessus,
30 comme hier soir ?
– Il a peut-être juste besoin d'être bercé.
– Je ne sais pas le bercer.
– Mais si, tu sais !
– Non.
35 Elle plante ses yeux dans les miens, avec froideur.
– Je ne suis pas faite pour être une mère, Mado. C'est comme ça et il va falloir que tu te fasses à cette idée. Alors, le bébé pleure et moi, j'ai autre chose à faire. Si ça te gêne de l'entendre, barre-toi.

---

7 **chiant** *fam* énervant – 15 **se murer** établir un mur autour de soi – 17 **craquer** perdre les nerfs – 17 **elle se met le doigt dans l'œil** *fam* elle se trompe – 22 **un moine** Mönch – 24 **incessant** qui ne s'arrête pas – 28 **rétorquer** répondre vivement – 38 **se barrer** *fam* s'en aller

1 Je bondis de ma chaise.

– T'aurais franchement mieux fait d'avorter, dis-je sur un ton plus dur que je ne l'aurais voulu.

Et sans attendre sa réponse, je sors par la porte-fenêtre et
5 m'éloigne en courant de la maison. Patty est affreuse, Patty est détestable, Patty est immature, je la déteste. Je descends le chemin de terre, puis bifurque vers la rivière. Je me sens affreusement mal. Mal et fatiguée. À bout de nerfs, en fait. Je crie dans le vide :
10 – J'en ai maaaaarre !

Les buissons de mûres m'écorchent les mollets.

– J'en ai marre, marre, marre !!!

Ma voix résonne. Personne ne peut m'entendre, mais tant pis.

Quand j'arrive près de la rivière, j'attrape un caillou que je jette
15 dans l'eau avec rage. Puis un autre, et encore un autre. Qu'est-ce qu'on va faire ? Qu'est-ce qu'on va devenir ? Les cailloux pleuvent dans la rivière et je continue de crier jusqu'à ce que les sanglots, les larmes et les remords m'étouffent.

Je pense soudain à mes anciennes copines du collège.
20 Judicaëlle, Maude, Olivia, Sabrina… Pourquoi ont-elles droit à une existence normale et pas moi ? Pourquoi ?

Je m'allonge dans l'herbe. Le ciel m'écrase. Le monde entier pèse sur mes épaules. Un monde où la mort et la vie s'affrontent en permanence, de façon violente, comme des masses d'air
25 bourrées d'ions négatifs et positifs. Et moi, je suis là, toute seule dans l'orage.

Les orages, même les plus forts, finissent toujours par s'apaiser. Le mien a mis plusieurs heures avant de passer, mais il est
30 passé. J'ai beaucoup pleuré, puis je me suis baignée et l'eau froide m'a remis les idées en place. Après, je me suis laissée sécher sur le rocher plat en claquant des dents. Je me suis parlé à moi-même : « Regarde la réalité en face, Mado. Tu n'as qu'une famille et il n'y a pas foule. Juste deux personnes : Patty et le
35 bébé. Eh oui, ce bébé fait partie de la famille, maintenant. Il est en bout de chaîne… Le dernier maillon des Yazinsky, que tu le veuilles ou non. » Je me suis levée et j'ai regardé vers la maison. « Là-haut. Ils sont tous les deux là-haut. Tu ne peux pas les laisser tomber. » Alors, j'ai quitté la rivière.

6 **immature** unreif – 7 **bifurquer** prendre une autre direction – 11 **une mûre** Brombeere – 11 **écorcher** blesser – 11 **le mollet** Wade – 13 **tant pis** peu importe – 14 **un caillou** une petite pierre – 25 **bourré** rempli – 34 **il n'y a pas foule** il n'y a presque personne – 36 **en bout de** à la fin – 36 **un maillon** un membre

1 Il était tard. J'avais faim. Tout en remontant le chemin creux, je
me suis dit qu'il était temps de donner un prénom au bébé. Il ne
peut pas rester comme ça, affublé d'un nom générique comme
s'il n'était qu'une chose.

5 Je pousse la porte de la maison, fermement décidée à demander
pardon à Patty, puis à lui suggérer de baptiser le petit. Il me
semble que ça nous ferait du bien à tous les trois.

La maison est silencieuse. Je m'avance jusqu'au séjour et je
découvre Patty endormie sur le matelas, le bébé collé à elle. Il
10 a les yeux ouverts et il regarde les ombres sur le plafond. Il est
calme. Si j'étais peintre, je peindrais ça : ma sœur et son fils,
leurs deux corps côte à côte dans la lumière du soir, en été, un
certain mois d'août d'une année extravagante. Ce serait beau.

Si je revois Britt un jour, je lui proposerai mon idée. Elle la
15 trouvera magnifique. Son tableau fera le tour du monde des
expositions. Il la rendra célèbre et Sander sera fier de moi. Il
m'aimera pour toujours. Nous serons heureux comme des
héros de conte de fées.

Je pousse un gros soupir. Arrête, Mado. Tu n'es pas peintre et tu
20 sais parfaitement que les contes de fées n'existent pas.

Alors, je tourne les talons sans faire de bruit, je m'enferme dans
la cuisine, et je m'enfile sans respirer trois énormes tartines à la
confiture. Haut les cœurs !

---

3 **affublé** ayant reçu – 3 **un nom générique** Gattungsbegriff – 11 **un peintre** → peindre –
18 **un conte de fées** Märchen – 19 **le soupir** → soupirer – 22 **s'enfiler** *fam ici:* manger –
23 °**haut les cœurs** courage

Chapitre 18

14 août

1 – Mado ! Mado !

Quelqu'un crie dans ma nuit.

Je me réveille en sursaut, le cœur vrillé d'angoisse.

– Mado ! Mado !

5 Je me précipite hors de ma chambre. La voix de Patty provient de la salle de bains.

– Quoi ? Qu'est-ce qui se passe ? m'écrié-je en entrant en trombe.

Mon cerveau enregistre qu'il fait jour, mais le reste de mon
10 corps n'y croit pas une seconde. Patty se tient devant le miroir, l'air triomphant.

– T'as vu ? exulte-t-elle en écartant les bras.

– Quoi ?

– Ben, regarde ! Je rentre dans mon jean !

15 Je baisse les yeux vers les jambes de ma sœur, incrédule. Effectivement, elle porte son affreux jean noir délavé troué aux genoux.

– C'est génial, non ? poursuit-elle en se trémoussant.

– Tu me réveilles pour ça ?

20 – Ben oui ! C'est la meilleure des meilleures nouvelles, non ?

Je reste sans voix.

– Fais pas cette tête, sœurette ! rigole Patty. De toute manière, il fallait bien que tu te lèves, il est au moins 8 heures !

– 8 heures…

25 – Bon, bien sûr… reprend-elle, il ne vaut mieux pas y regarder de trop près. Je ne peux pas fermer les deux boutons du haut, mais quand même : je rentre dedans !

Elle soulève sa chemise de nuit et je constate que son ventre fait un pli moche au-dessus de la ceinture. Ses hanches sont toutes
30 boudinées dans la toile raide du pantalon.

Hier soir, je me suis occupée du bébé jusqu'à minuit, après quoi je le lui ai refilé. Il pleurait. À mon avis, c'était un biberon qui ne passait pas. Pendant au moins deux heures, j'ai tendu l'oreille, écoutant les bruits qui venaient du séjour, inquiète et tendue.

35 Résultat, je n'ai dormi que six heures… et Patty me réveille pour

---

3 **le cœur vrillé d'angoisse** en ayant très peur – 7 **en trombe** très vite – 15 **incrédule** qui n'y croit pas – 18 **se trémousser** balancer les hanches – 30 **boudiné** *fam* très serré (→ le boudin, Wurst) – 32 **refiler** *fam* rendre, donner – 33 **tendre l'oreille** écouter attentivement – 34 **le séjour** le salon

1 m'annoncer qu'elle va pouvoir de nouveau s'habiller comme
l'as de pique ? J'ai bien envie de l'étrangler sur place, mais,
soudain, une question me traverse l'esprit :
– C'est bizarre que tu aies pensé à prendre ce jean.
5 – Je l'adore, me répond Patty en s'inspectant dans le miroir.
– Peut-être, mais…
Assaillie par un doute terrifiant, je réfléchis à toute vitesse.
Si Patty n'avait pas eu de fièvre, elle aurait dû accoucher en
septembre. C'était ça, la date officielle. En toute logique,
10 elle aurait dû laisser ce pantalon moulant à la maison. C'est
un détail idiot, mais je connais Patty : elle ne fait jamais ses
bagages au hasard. Trop coquette (du moins, à sa façon !). Elle a
donc emporté ce jean exprès. Et si elle l'a emporté exprès, c'est
qu'elle comptait le mettre. Et si elle comptait le mettre, c'est
15 qu'elle supposait…
– Dis-moi la vérité, dis-je en plissant les yeux comme Clint
Eastwood.
Patty me lance un regard étonné par miroir interposé.
– Quelle vérité, monsieur l'inspecteur ?
20 – Sur l'accouchement.
Elle entreprend de dévisser les piercings de son oreille gauche.
Ces trucs-là, il faut les entretenir si on ne veut pas attraper des
infections. Chaque fois qu'elle les retire pour les désinfecter,
j'ai l'impression d'assister au démontage d'une mobylette :
25 boulons, écrous, vis, graisse de moteur.
– À quelle date devais-tu vraiment accoucher ? insisté-je.
– Ben… en septembre ! Je te l'ai dit !
– Patty…
– Quoi ?
30 – Arrête de mentir.
– Je ne mens pas. Qu'est-ce que t'as ?
Je reformule ma question :
– Pourquoi as-tu pris ce jean puisque tu étais censée rester
grosse jusqu'à la fin des vacances ?
35 Patty pose son bric-à-brac métallique sur la tablette au-dessus
du lavabo. Elle cherche manifestement une réponse plausible.
– Mais… j'en sais rien, Mado. Je l'ai pris comme ça, sans y
penser. N'empêche que j'ai bien fait, finalement. Aïe.

---

1 **s'habiller comme l'as** [as] **de pique** *fam* s'habiller très mal – 2 **étrangler qn** jn
erwürgen – 7 **assailli** *ici:* pris – 21 **entreprendre** commencer à faire – 21 **dévisser**
abschrauben – 24 **une mobylette** un vélo à moteur – 25 **un boulon** Schraubenbolzen –
25 **un écrou** Mutter – 25 **une vis** [vis] Schraube – 25 **la graisse de moteur** Schmierfett –
35 **le bric-à-brac** [bʀikabʀak] *fam* le désordre – 38 **aïe** [aj] aua

1 Elle se pique avec une boucle d'oreille. Ses doigts nerveux la trahissent.

– La vérité ! dis-je en croisant les bras et en prenant l'air le plus buté possible, histoire qu'elle n'imagine pas s'en tirer par une
5 pirouette.

– Tu m'emmerdes, avec tes questions, Mado. Laisse-moi faire ma toilette, tu veux ?

– Non. C'est toi qui m'a réveillée, je te signale.

– Désolée, je n'aurais pas dû. J'étais tellement contente que je
10 voulais partager ça avec toi, c'est tout. Tu es ma sœur adorée, Mado, alors…

– Arrête ! Tu changes de sujet, mais ça ne marche pas !

Elle se retourne. Je vois bien qu'elle se sent piégée. Allons droit au but. Je lance :
15 – Ta grossesse était plus avancée, c'est ça ?

Elle ne répond pas. Je continue :

– Tu savais que tu allais accoucher en août.

Patty lève les yeux au plafond.

– Oui, je le savais.
20 C'est comme si je prenais un coup de marteau sur le crâne, ou un coup de couteau dans le dos, au choix. Un coup en traître, en tout cas, et qui m'assomme complètement. Elle le savait ! Elle m'a menti ! Elle m'a prise pour une pomme ! Elle a joué avec moi et aussi avec la vie du bébé… et avec la sienne, par-dessus
25 le marché ! C'est tellement dingue que je ne sais plus quoi dire.

Patty me fixe de ses yeux candides.

– Bon écoute, Mado, on ne va pas en faire un plat. C'est vrai, je t'ai menti. Enfin, juste un peu. J'ai oublié de compter un mois de grossesse et c'est tout. Ce n'est pas la fin du monde, non ?
30 Maintenant que c'est fait, je ne vois pas pourquoi tu t'énerves.

Elle ne voit pas.

Elle ne comprend pas.

Elle ne veut pas que j'en fasse un plat.

– Tout s'est bien passé, reprend-elle. Le bébé va bien, je suis en
35 pleine forme… Je regrette de t'avoir raconté des bobards, voilà. Voilà.

Dans le monde merveilleux de Patty Yazinsky, on fait des bêtises ahurissantes et puis « voilà ». C'est fini, on tourne la page, drelin-

---

3 **prendre un air buté** trotzig werden – 4 **s'en tirer par une pirouette** se tirer d'affaire – 13 **piégé** in der Falle (→ un piège) – 20 **un marteau** Hammer – 21 **en traître** heimtückisch – 23 **prendre qn pour une pomme** prendre qn pour un idiot – 26 **candide** innocent – 27 **faire un plat de qc** *fam* donner une importance exagérée à qc – 35 **un bobard** [bɔbaʀ] *fam* un mensonge – 38 **ahurissant** grotesque

1 drelin, et l'histoire continue. C'est formidable. Le hic, c'est que,
moi, je ne vis pas dans ce monde idéal. Depuis toujours, je
prends les choses au sérieux, avec gravité. Et ce mensonge-là
dépasse les bornes de mon imagination.
5 – Mais tu te rends compte de ce que tu as fait ? dis-je, estomaquée. Tu aurais pu mourir en mettant le bébé au monde ! Toi,
ou lui ! Il aurait pu se passer les pires choses ! On était ici,
isolées, loin des hôpitaux ! Tu le savais ! Tu as compté sur moi
pour jouer les sages-femmes ! T'es tellement barjo qu'on devrait
10 t'enfermer dans un asile, ma vieille !
Je sors de la salle de bains. Non, c'est trop gros pour que je
puisse y croire. Je vais retourner me coucher et la journée va
recommencer. J'aurais rêvé.
– Mado, attends !
15 Patty surgit dans le couloir. À cet instant, je vois des ronds de
lumière passer à travers ses oreilles trouées comme des meules
de gruyère. Cette vision étrange me confirme que je suis en train
de rêver. Oui, c'est bien ça : juste un cauchemar.
– Mets-toi à ma place une seconde, me supplie-t-elle en venant
20 vers moi. Si je t'avais dit la vérité, nous ne serions pas parties
en vacances.
Je la regarde avec méfiance.
– Tu aurais voulu qu'on reste chez nous, que j'aille m'inscrire à
des cours de préparation à l'accouchement… Tu aurais averti
25 tout le monde, y compris Luigi. Il aurait fallu mettre le juge des
tutelles au courant, l'assistante sociale… Tout ça, je ne voulais
pas.
Si j'étais un personnage de série télé, je serais déjà dans la
cuisine en train de me jeter un whisky sec au fond de la gorge.
30 – Viens prendre ton petit déjeuner, me propose Patty. On va
discuter. Je te promets de ne plus recommencer.
Elle tend sa main vers moi, comme une gamine de quatre
ans qui voudrait qu'on lui pardonne d'avoir mangé tous les
bonbons. Elle serait touchante, si elle avait quatre ans.
35 – Allez, Mado… viens, s'il te plaît.

Et c'est ainsi que je me retrouve dans la cuisine, devant un bol
de lait fumant et une montagne de biscottes. Après un long
silence, j'éprouve le besoin de récapituler.

---

1 **le °hic** ['ik] *fam* le problème – 2 **je vis** → vivre – 3 **la gravité** le caractère sérieux –
5 **estomaqué** *fam* très surpris – 9 **une sage-femme** Hebamme – 9 **barjo** *fam* fou –
15 **surgir dans qc** in etw hineinschießen – 16 **une meule de gruyère** un fromage entier
de gruyère – 32 **une gamine** *fam* une petite fille

1 – Quand est-ce que tu as su la date exacte de ton accouchement ?

– À Amsterdam, soupire Patty. Ils m'ont fait des examens plus précis et c'est là qu'ils me l'ont dit.

5 – Ils t'ont dit quoi, exactement ?

– Que le bébé naîtrait mi-août.

– Bon. Ensuite ?

– Ben… ensuite, ils m'ont expliqué que ma grossesse était vraiment trop avancée et qu'ils ne pouvaient pas me faire
10 avorter.

Je me remémore notre conversation téléphonique, le samedi soir, juste avant que j'aille dormir chez Jeanne. Elle m'a raconté qu'elle était à l'hôtel, avant de m'avouer, quelques jours plus tard, qu'elle était à l'hôpital… mais elle ne m'avait pas tout dit !
15 Les mensonges de Patty sont comme des kangourous : ils ont des poches, avec des petits à l'intérieur…

– Donc, ce n'est pas toi qui as décidé de garder le bébé ?

– Non.

– Bon.
20 – D'accord, je m'y suis prise comme un manche, admet Patty, mais ce n'est pas de ma faute. Il y avait toi, le restau, la vie… Je n'avais pas le temps de m'occuper de tout ça, tu comprends ?

– Et maintenant ? dis-je. Tu crois que tu vas avoir le temps de t'occuper du bébé ?
25 Patty prend son air boudeur.

– J'étais sûre et certaine que tu me ferais la morale. T'es pire que papa et maman réunis.

Je laisse tomber ma cuillère dans mon bol, plouf. Qu'elle ose me dire une chose pareille, me paraît… déplacé ! Oui, c'est le mot.
30 – Tu veux que j'applaudisse ? demandé-je sèchement.

– Non. Je te demande seulement un peu de compréhension. Je ne suis pas complètement idiote, je sais que j'ai déconné. Et la première des conneries, c'est d'avoir couché avec Luigi.

Son menton se met à trembler. Je rentre les épaules en priant
35 pour qu'elle retienne ses larmes, mais aucun dieu ne m'écoute. Patty éclate en sanglots.

– C'était… c'était juste après l'accident ! Je ne savais plus où j'en étais, Mado, crois-moi ! Je me serais tapé la tête contre les murs tellement j'avais mal ! Mais tu vois, je ne pouvais pas : tu
40 étais là ! Tout le monde me mettait la pression pour que je sois à la hauteur. C'était moi l'adulte, moi qui devais te consoler,

---

20 un manche *fam* Tolpatsch – **21 le restau** *fam* le restaurant – **32 déconner** *vulg* faire des bêtises – **40 être à la °hauteur** ne pas faire d'erreurs

1 t'aider, te réconforter ! C'était trop dur ! Alors, cet idiot de Luigi
qui me tournait autour… je l'ai laissé faire. Ça m'a fait du bien,
sur le moment. Il était gentil, c'est vrai. Enfin quelqu'un qui
s'occupait de moi !
5 Des larmes tombent dans mon bol de lait. Ça y est, me voilà
transformée en fontaine à mon tour. Je me lève et je viens
m'agenouiller devant Patty, qui s'est effondrée par terre, le dos
collé au mur.
   – Je ne t'en veux pas ! dis-je entre deux hoquets. Patty ! Écoute !
10 Tu as fait comme tu pouvais, je te promets de ne plus te faire la
morale ! Tu es ma seule famille… ce serait trop bête qu'on se
perde, toutes les deux !
   Elle ouvre ses bras et nous voilà de nouveau l'une contre l'autre,
nageant en plein mélodrame.
15 – Je suis nulle, vraiment nulle ! pleurniche Patty. Tu mérites
d'avoir une meilleure sœur, mais… mais je n'arrive pas à… à
m'améliorer, Mado. Depuis toute petite, je fais des efforts pour
te ressembler : avoir ton intelligence, ton courage, ton sens des
responsabilités… Mais je te jure que c'est trop difficile pour
20 moi !
   – Tu es très bien comme ça, Pat. N'essaie pas d'être comme moi.
Y'a bien assez d'une emmerdeuse dans la famille.
   Je finis par rire entre mes larmes.
   – Tu fais des conneries, dis-je, mais tu as une… putain de bonne
25 étoile ! Tout s'est bien passé. Tout le monde est en vie et c'est ça
qui compte.
   Patty me regarde en reniflant.
   – C'est toi, ma bonne étoile, Mado.
   À ce moment, comme pour éviter qu'on inonde la maison avec
30 nos larmes, le bébé pousse un cri. Patty sursaute et sourit.
   – Il est réveillé… je vais le chercher.
   Elle revient une minute plus tard, le petit dans les bras.
   – Je lui ai donné le dernier biberon vers 5 heures du matin. Il a
faim, tu ne crois pas ?
35 Je me relève, courbatue d'émotion.
   – Je vais lui faire chauffer un biberon, dis-je, presque soulagée
de passer à des tâches plus terre à terre. Quand on joue en

---

1 **réconforter** trösten – 6 **être transformé en fontaine** *fam ici:* beaucoup pleurer –
7 **s'agenouiller** [saʒ(ə)nuje] se mettre à genoux – 9 **le °hoquet** Schluckauf – 14 **le**
mélodrame moitié comédie, moitié tragédie – 17 **faire des efforts** *mpl* sich bemühen
– 22 **une emmerdeuse** *vulg* qn qui ennuie les autres – 24 **avoir une bonne étoile** avoir
une étoile qui nous protège – 35 **courbatu** *litt* très fatigué – 37 **une tâche terre à terre**
un travail nécessaire, de base

permanence sur la corde sensible, compter des mesurettes de lait en poudre procure un véritable repos.

Tandis qu'il tète entre les bras de sa mère, je l'observe : son petit crâne duveteux, ses joues rondes, son nez en pied en lampe et
5 ses pieds qui gigotent dans la grenouillère.

– Il n'est pas prématuré, alors...

– Ben, non, sourit Patty.

– Je me disais aussi...

Cette fois, il me semble que c'est le moment d'aborder la
10 question du prénom. Je demande :

– Tu vas l'appeler comment ? Tu as une idée ?

Patty tressaille légèrement. Elle se mordille l'intérieur des joues, puis lève les yeux vers moi :

– Je crois que ce serait mieux de... de ne pas lui donner un
15 prénom maintenant.

– Pourquoi ? Il a quand même quatre jours !

Patty retire la tétine de la bouche du bébé, resserre un peu la bague du biberon.

– Je pense... commence-t-elle.
20 Un silence. Quand Patty pense, ça déménage, en général.

– Je pense que je vais le faire adopter, dit-elle. Les gens qui le prendront auront sans doute envie de lui donner un prénom qu'ils aiment. Alors, d'ici là... ce sera « le bébé ».

Ma gorge s'est nouée brutalement. Voilà, le mot est dit, le verdict
25 est tombé : adoption. Plus de bébé. Plus de petit Yazinsky. Ça fait tout drôle.

– C'est la solution la plus raisonnable, non ? s'inquiète Patty, les yeux embués.

– Sans doute, dis-je.
30 Ma voix s'est enrouée, comme si j'avais pris froid.

– C'est ce que tu ferais, non ? insiste Patty.

Je regarde le petit bonhomme, dans la grenouillère que j'ai achetée au village l'autre jour. Je pense aussi au nounours en peluche, et puis à papa et maman, allez savoir pourquoi.
35 – Honnêtement, Patty... je ne sais pas ce que je ferais à ta place.

– Tu le garderais ?

– Je n'ai pas dit ça.

---

1 **une mesurette** kleiner Messlöffel – 4 **duveteux** mit Flaum versehen – 4 **un nez en pied de lampe** ≠ un nez tout droit – 5 **gigoter** remuer sans cesse – 5 **une grenouillère** Strampelhose – 12 **mordiller** mordre légèrement – 18 **une bague** ici: Schraubverschluss – 20 **ça déménage** fam ici: ça surprend, c'est pas raisonnable – 24 **un verdict** [vɛʀdikt] un jugement – 28 **les yeux** mpl **embués** les larmes aux yeux

1 Patty soupire.
– Je ne peux pas m'attacher à lui, dit-elle. Et puis, j'ai peur qu'il
ressemble à Luigi. Imagine !
Un sourire m'échappe. Luigi n'est pas beau comme Daan,
5 c'est sûr. Assez petit, les sourcils trop fournis, mais il n'est pas
si moche qu'on refuse de voir grandir un de ses enfants. Nous
restons silencieuses un très, très long moment. Patty se gratte les
oreilles. Elle n'a pas eu le temps de remettre sa quincaillerie.
– Tu crois que ça se rebouche tout seul, les trous ? demandé-je,
10 rêveuse.
– Hein ?
– Tes trous aux oreilles.
– Ah ! Ben, oui, je crois.
Je pousse un soupir.
15 – Évidemment, si tu décidais de garder « le bébé », il faudrait
peut-être que tu renonces aux piercings... Ça ne fait pas
vraiment « mère au foyer ».
Le petit s'est rendormi, le biberon dans la bouche. Des nuages
s'accrochent à l'horizon, voilant le soleil matinal. Je n'ai pas
20 envie d'influencer le choix de Patty, mais quand même, ce bout
de chou...
– Pour une fois, reprend Patty, il faut que je sois raisonnable. Je
n'ai rien fait de très bien jusqu'à présent, mais là je dois avoir
les pieds sur terre. Si je le garde, ça va être compliqué pour mon
25 boulot. Et si je ne travaille plus, je ne pourrai pas t'offrir les
meilleures conditions pour tes études.
– À moins que... dis-je.
Je m'interromps. Ce que je vais dire, je ne sais pas si j'ai le droit
de le dire. Tant pis, je le dis quand même :
30 – À moins qu'on revende cette maison et puis l'appartement, et
qu'on se loue un petit deux-pièces ?
Patty me dévisage, horrifiée.
– Non, Mado.
– D'accord, dis-je, soulagée.
35 Moi-même, j'aurais été horrifiée d'abandonner à d'autres ces
deux lieux que papa et maman aimaient et qu'ils nous ont
laissés. Ce serait comme une seconde mort, un éclatement total
de notre passé. Un sacrilège.
Patty pose le biberon vide sur la table, se lève en prenant mille
40 précautions pour ne pas réveiller le bébé, puis retourne le

7 **se gratter** sich kratzen – 8 **une quincaillerie** *ici:* des pièces en métal qui servent au
piercing – 19 **voilant** couvrant (→ voiler) – 20 **un bout de chou** *fam* un petit bébé –
32 **horrifié** entgeistert – 34 **soulagé** erleichtert

1 coucher sur le matelas, dans la pièce voisine.
  Lorsqu'elle revient, elle semble sûre d'elle :
  – Nous allons rentrer chez nous, Mado. Une fois là-haut, je
  téléphonerai à l'assistante sociale et elle m'expliquera ce que je
5 dois faire pour l'adoption. Il doit y avoir des papiers à remplir,
  des médecins à voir, des entretiens à passer…
  Sa voix meurt comme l'ultime note d'un accordéon crevé.
  L'énoncé de cette suite d'épreuves semble l'épuiser d'avance.
  – Comme tu veux, dis-je en réprimant mon envie de pleurer.
10 Quand est-ce qu'on part ?
  – Demain, c'est le 15 août. Pas la peine d'espérer un taxi. On
  rangera la maison, on fera les bagages et on partira le lendemain.
  Le 16.
  Je hoche la tête, vaincue.

---

7 **ultime** dernier – 7 **crevé** *ici:* qui ne fonctionne plus – 8 **l'énoncé** *m* la liste – 11 **le 15 août** jour férié non travaillé en France

Chapitre 19

15 août, 23 heures

Ce départ me fiche un sale cafard. Nos bagages sont empilés dans l'entrée, la vaisselle rangée, le carrelage briqué à la serpillière et la maison exhale la même odeur qu'à chaque fin d'été, lorsque je me couchais pour le dernier soir et que maman
5 montait me voir avec son sourire de rentrée. Un sourire spécial, qui disait : « Allons, Mado, c'est fini, mais on reviendra l'année prochaine. » Devant moi s'étalaient l'automne et l'hiver. La chute des feuilles.

Ouh là, stop, il faut que j'arrête de penser à tout ça, sinon…
10 Assise sur mon lit, je joue à éteindre et à rallumer ma lampe. Clic. Clac. Clic. Je me force à sourire. Bien respirer à fond, expulser l'air doucement, recommencer. Clac. Il faut dormir. Demain matin, nous sommes convenues que je descendrai au village après le petit déjeuner. Je téléphonerai au chauffeur de
15 taxi qui nous a gentiment proposé de nous raccompagner à Aubenas. J'espère qu'il sera disponible.

Bien sûr, il risque d'être un peu surpris, à cause du bébé. Nous lui dirons la vérité. Patty en a décidé ainsi : désormais, plus de mensonges, fini les cachotteries. Une nouvelle ère débute :
20 celle du réalisme et de l'action. « Ça doit être comme ça qu'on devient vraiment adulte, non ? », m'a-t-elle demandé, un nœud dans la gorge. Je n'ai su que répondre. Devenir adulte, pour Patty, ça ressemble à un renoncement. C'est déprimant, mais si cela peut nous éviter de gros ennuis, admettons. Pour ma part,
25 je trouve que la vie se charge toute seule de nous transformer en adulte et que ce n'est pas la peine d'en rajouter. J'aurais voulu que cette mutation soit moins radicale, moins douloureuse, moins angoissante. J'aurais bien aimé que papa et maman nous accompagnent un peu plus loin sur le chemin.
30 Dormir.

---

1 **ficher un sale cafard** *fam* rendre très triste, mélancolique – 2 **briquer** bien nettoyer pour faire briller – 3 **exhaler** [ɛgzale] émettre, dégager – 18 **désormais** à partir de maintenant – 19 **une cachoterie** un secret – 21 **un nœud** Knoten (→ nouer) – 23 **le renoncement** le refus de beaucoup de plaisir

Chapitre 20

16 août

1 Les pleurs du bébé me tirent du sommeil. Je me lève, ouvre les
volets et constate qu'il doit être au moins neuf heures. Le ciel
est uniformément bleu, pur et immobile. La journée s'annonce
belle, nous aurons chaud dans le train. Préférerais rester ici,
5 profiter du soleil, attendre encore, vivre entre les parenthèses
protectrices des vacances.

Je descends dans le séjour, m'attendant à y trouver Patty, avec le
bébé dans les bras.

Le bébé est bien là, tout petit et tout seul sur son matelas, ouvrant
10 la bouche comme un poisson qui manque d'air. Je m'agenouille
près de lui, le soulève vers moi. Son cœur bat contre le mien.

– Là, là… je vais m'occuper de toi, pas de panique.

Nous avançons jusqu'à la cuisine. Un biberon étincelant de
propreté trône sur la table, bien en évidence. La bouteille d'eau
15 minérale, la boîte de lait en poudre, bon. Mais, sous le biberon,
il y a une feuille couverte d'écritures. Je me fige. Une lettre. Patty
m'a laissé une lettre.

– Elle a dû se réveiller plus tôt et descendre au village pour
commander le taxi, dis-je au bébé.

20 Il me répond par un gargouillis.

– Tout à fait d'accord. Elle va revenir avec le chauffeur et nous
n'aurons plus qu'à embarquer.

Quel est le plus urgent ? Lire la lettre ou faire le biberon ? Quand
je m'approche de la table, mes yeux se posent sur les premières
25 lignes.

« *Mado,*

Tu vas m'en vouloir… »

Oups. Je ferme les yeux. Une lettre de Patty qui commence par
ces mots, c'est évidemment une lettre piégée. Une bombe qui
30 va me jeter à terre, me démembrer, me tuer sans sommation. Je
rouvre les yeux et me penche pour regarder dans l'entrée. Le sac
de voyage de Patty n'y est plus.

M'asseoir. Tenir fermement le bébé contre moi pour éviter de
le laisser choir.

35 « *Mado,*

---

16 **se figer** s'immobiliser – 27 **en vouloir à qn** jdm böse sein – 30 **une sommation** un
ordre, un commandement – 34 **laisser choir** laisser tomber à terre

1 *Tu vas m'en vouloir et tu auras raison. Je suis lâche. La pire des*
lâches. Tu devais t'en douter, mais moi, je ne pensais pas l'être à
ce point. Voilà : je ne peux pas. C'est au-dessus de mes forces. Je
ne peux pas m'occuper du bébé, et je ne peux pas non plus m'en
5 *débarrasser. Alors, je pars… »*
La lettre-bombe m'explose à la figure. Je reste assise sur ma
chaise. Pas une goutte de sang ne jaillit bien sûr, mais c'est tout
comme si j'étais morte.
« *… Je pars loin. C'est la seule chose que j'arrive à décider. Je ne*
10 *reviendrai peut-être jamais ou peut-être dans une semaine. Je*
sais que tu es capable de te débrouiller. C'est toi la grande, dans
cette famille.
Déteste-moi, mais prends soin de toi.
Patty.
15 *P.-S. : Il est 6 heures du matin. Je vais descendre au village et laisser*
un message pour le chauffeur de taxi. Il viendra te chercher dans
la matinée, j'espère. Je laisse de l'argent dans ton sac. Poche de
devant. »

Chaque mot de cette lettre se plante sous ma peau, comme un
20 éclat d'obus. Le mot allemand qui désigne ces petits morceaux
de métal me revient en mémoire, *Schrapnell*. Durant la guerre,
les soldats qui étaient blessés par les *Schrapnell* étaient
rapatriés sur les arrières, dans les hôpitaux de campagne où des
chirurgiens débordés tentaient de les opérer. Et moi ? Je suis là,
25 étendue dans ma tranchée, pataugeant dans la boue, avec le
mot *Schrapnell* qui me hérisse le cœur, mais je n'entends venir
aucune ambulance.
– Au secours…
Le bébé recommence à pleurer. Je baisse la tête vers lui ; ses
30 cheveux fins me chatouillent le menton. Je comprends trop
bien sa détresse. Il a cinq jours, plus de maman, pas de papa.
Nous nous ressemblons terriblement, atrocement.
Les yeux mouillés de larmes, je dépose un long baiser sur son
petit crâne rond.
35 – On est dans la merde, bébé. Jusqu'au cou.

Plus tard
Merci, Patty, de m'autoriser à te détester. Je te déteste.

---

1 **lâche** qui manque de courage – 7 **jaillir** sortir soudainement – 23 **rapatrier** rentrer
dans la patrie – 23 **les arrières** *fpl* Rückbänke – 24 **débordé** qui a trop de travail –
30 **chatouiller** kitzeln – 31 **la détresse** le désespoir

1 – Je ne te déteste pas ! Je te hais !
J'étale les billets sur la table de la cuisine. Deux de cinquante euros, trois de vingt, quatre de dix. Si j'étais dans un feuilleton, j'en ferais des confettis ou bien je les jetterais au feu.

5 *Plus plus tard*
Bras ballants, les yeux gonflés, debout dans l'entrée, les bagages à mes pieds, sauf le sac de Patty qui est partie, partie, partie dieu sait où pour dieu sait quoi faire, m'abandonnant. M'abandonnant à mon sort, triste, condamnée à me dépêtrer
10 de cette existence injuste où les grandes sœurs croient que les petites sont plus fortes qu'elles et, là, elles se fourrent le doigt dans l'œil parce que moi, moi, moi... je ne sais plus quoi faire de rien.

Plus plus plus tard
15 Je reste assise par terre, tout près du bébé qui s'est rendormi. Nous sommes seuls au monde, lui et moi. Sur une île. Déserte. Au milieu de l'océan hostile. Tiens ? et si je t'appelais...
– Robinson ?

20 *Encore plus tard*
– Allons, allons, Robinson, ne pleure pas. C'est tata Mado qui est là, avec toi. Ne me dis pas que tu as encore faim ! Non, pas de biberon tout de suite. D'abord, parce que tu dois attendre au moins trois heures entre chaque tétée et, ensuite, parce
25 que l'autre biberon, le propre, il est dans les bagages. On ne va pas tout défaire maintenant, t'es d'accord ? Le taxi va finir par arriver et on va s'en aller, toi et moi. Oui, on va rentrer à la maison. Ne me demande pas ce qu'on va faire après, je n'en sais rien. Mais rentrer, ça, oui.
30 – Ouin ouin ouin !
– Pff... Moi aussi, je sais faire « ouin ouin ». J'ai été bébé avant toi, tu sais ! Et ça ne fait pas si longtemps que ça, même !

Encore encore plus tard
– D'accord, d'accord. Il est midi ; tu as droit à un autre biberon.
35 J'en ai marre de te bercer, Robinson. T'es léger, mais, en même temps, t'es lourd. Exactement comme ta mère !

---

1 **je °hais** [ɛ] je déteste beaucoup (→ haïr) – 9 **se dépêtrer** *fam* se sortir d'une situation désagréable – 11 **se fourrer le doigt dans l'œil** *fam* se tromper complètement – 21 **tata** *fam* Tante – 24 **une tétée** *ici:* Fläschchen (→ téter, am Fläschchen saugen)

1   *12h10*

Je suis assise dans la cuisine et je donne un biberon à Robinson.
Le temps ne m'a jamais paru aussi long. J'ai l'impression d'être
engluée dans une pâte temporelle élastique et collante, sorte
5   de toile d'araignée faite de secondes, de minutes et d'heures
interminables qui me retiennent avant de me dévorer toute
crue.
Je positionne la tétine sur la vitesse n°1. Débit lent. Tout est lent
ici, sauf mon cœur qui bat trop vite depuis des heures. Peut-on
10   mourir d'une crise cardiaque à quinze ans ?
Une voiture !
Je viens d'entendre un bruit de moteur et le crissement des
cailloux du chemin sous des pneus. Ça y est, c'est le taxi qui
vient nous chercher !
15   Je sors dans le jardin, passe sous le figuier, m'approche du
muret, le bébé dans les bras. C'est une voiture bleue, cabossée,
un peu rouillée, un vieux modèle sans doute. J'y connais rien en
voiture, mais, en tous les cas, ce n'est pas un taxi.
Soudain, je vois surgir un petit type brun, aux sourcils
20   broussailleux. La stupéfaction me cloue sur place.
Il m'a vue. Il me fait signe gaiement. Je ne peux pas lui répondre.
Main gauche, le bébé, main droite, le biberon. Il s'approche,
curieux, un peu mal à l'aise. Il retire son blouson en jean. Fait
chaud ici.
25   – Salut, Mado… dit-il.
Ouvrir la bouche. Parler.
– Qu'est-ce… qu'est-ce que tu fais là ?
– Ben… en fait, c'est la concierge de votre immeuble. Je l'ai un
peu cuisinée, et elle a fini par me donner l'adresse. Je suis en
30   vacances depuis hier. Comme je descends en Italie, je me suis
dit… C'est le bout du monde, ici, la vache.
Nous sommes chacun d'un côté du muret, lui, dansant d'un
pied sur l'autre, jetant de brefs coups d'œil vers la maison,
moi, tétanisée, incapable de rassembler mes esprits. C'est une
35   situation folle, comme d'habitude.
– Patty est là ?
Je secoue la tête. Déçu, il se rabat sur moi :
– Alors ? Tu fais du baby-sitting ?

---

4 **englué** fixé – 6 **dévorer tout cru** manger entièrement – 12 **le crissement** Knirschen –
16 **cabossé** avec des bosses – 17 **rouillé** verrostet – 20 **broussailleux** [bʀusajø] buschig –
20 **la stupéfaction** l'étonnement, la surprise – 20 **qc cloue qn sur place** qn ne bouge
plus – 29 **cuisiner qn** *fam* discuter longtemps avec qn pour savoir qc – 31 **la vache** *fam*
ici: Donnerwetter – 34 **tétanisé** wie gelähmt

1 – Moui.

– Ben dis donc, chapeau. Trouver de la clientèle dans ce trou paumé, c'est balèze.

C'est Luigi.

5 Luigi qui est là, devant moi. Ce crétin de Luigi.

Il débarque comme ça, sans prévenir, parce que c'est les vacances. Il a laissé son bleu de mécanicien sur une patère du garage et, paf, il est descendu dans le Sud avec sa bagnole rafistolée. Il a fait un détour pour venir voir Patty. Il l'aime

10 encore, ça crève les yeux. Il a chaud, il transpire et il se dandine d'impatience sous mon nez. Comment pourrait-il imaginer qu'il parle à la baby-sitter… de son propre fils !? À cet instant, je prends conscience d'une différence fondamentale entre les hommes et les femmes : les premiers peuvent ignorer qu'ils

15 ont des enfants, pas les secondes. Cependant, je ne peux pas lui annoncer la nouvelle tout de go. Trop brutal. Je ne peux pas non plus le laisser dans l'ignorance. Trop cruel et, surtout, trop bête : si Luigi apprend qu'il est père, il va peut-être se sentir obligé de m'aider. Et j'avoue qu'un petit coup de main me ferait

20 le plus grand bien. Patty m'en voudra sûrement à mort de ne pas garder le secret, mais je m'en fous royalement.

– Tu veux entrer ? dis-je. Boire un verre d'eau fraîche ?

Luigi sourit avec reconnaissance, avant d'enjamber le muret et de me suivre à l'intérieur.

25 – Chouette baraque, hein ?

Dans l'entrée, il s'étonne de voir les bagages.

– J'attends un taxi, expliqué-je. Mais il n'arrive pas. Entre.

Je lui propose une chaise dans la cuisine et m'assois face à lui. Dans mes bras, Robinson a terminé sa tétée. Il émet de

30 petits soupirs satisfaits. Je lui caresse la tête pour l'aider à se rendormir.

– J'arrive au mauvais moment, alors ? s'inquiète Luigi. Vous partez…

Bon. Il va falloir que je sois concise, claire et douce.

35 – En fait, dis-je… Patty ne va pas prendre le taxi avec nous.

– Nous ?

– Moi et le bébé.

Les sourcils de Luigi remontent, comme les ailes d'un corbeau

---

2 **ben** [bɛ̃] **dis donc, chapeau !** *fam* bien, du respect ! – 3 **balèze** *fam* très fort – 7 **une patère** Kleiderhaken – 8 **une bagnole** *fam* une voiture – 9 **rafistolé** *fam* zusammengeflickt – 16 **tout de go** *fam* directement – 23 **la reconnaissance** Dankbarkeit – 23 **enjamber qc** über etw hinwegsteigen – 34 **être concis** dire tout en peu de mots – 38 **une aile** Flügel – 38 **un corbeau** Rabe

1 posé sur son front.
– Tu l'emmènes ?
– Oui.
– Mais… à qui il est, ce petit ?
5 Je soupire, me pince les lèvres, me gratte la tête. Allons-y :
– C'est le bébé de Patty.
Luigi s'affaisse sur son siège et ouvre la bouche. Le choc.
Quelques secondes de silence. Puis, c'est le soupçon. Je vois
qu'il ne me croit pas.
10 – C'est le bébé de Patty, répété-je. Son fils. Il a cinq jours.
– Non.
– Si. Patty a caché sa grossesse à tout le monde. Y compris à moi,
jusqu'à ce qu'elle soit obligée de me l'avouer. Tu ne risquais pas
d'être au courant.
15 Luigi pose ses mains sur la table, le visage blanc comme un linge. J'ai l'impression de voir les rouages de son cerveau tourner
à vide sous son crâne.
– Patty était enceinte… souffle-t-il. C'est pour ça qu'elle ne
voulait plus me voir, alors ? C'est pour ça qu'elle… Mais…
20 pourquoi est-ce qu'elle te laisse toute seule avec le… ?
– Robinson.
– Robinson ?
– C'est le nom que je lui ai donné. Provisoirement, dis-je en
souriant de mon mieux et en tapotant le ventre du bébé pour
25 apaiser une colique passagère. Patty l'appelle juste « le bébé ».
Elle veut le faire adopter.
Luigi fronce ses gros sourcils. Dessous, ses yeux noirs me fixent
comme deux trous de serrure. Si je me penchais pour regarder à
travers, je pourrais voir s'agiter toutes les questions qu'il a dans
30 la tête.
– Elle ne va pas le garder, alors ?
– Aux dernières nouvelles, c'était sa décision. Mais tu connais
Patty…
Luigi hoche la tête.
35 – Où est-elle ?
– Je n'en sais rien. Elle s'est enfuie.
Pour le convaincre définitivement, j'attrape la lettre que j'avais
posée sur le lave-linge et la lui place sous le nez.
Luigi lit. Je vois ses lèvres marmonner. Il se prend la tête entre

---

8 **le soupçon** Verdacht – 13 **ne pas risquer d'être au courant** ne pas pouvoir connaître
les faits, ne pas pouvoir être informé – 16 **les rouages** *mpl ici:* Maschinerie – 25 **passager**
qui passe – 38 **un lave-linge** Waschmaschine – 39 **marmonner** murmurer

1   les mains. Enfin, il lève les yeux vers moi.
    – Elle s'est barrée en te laissant toute seule, alors ?
    – Il semblerait. Ne m'en demande pas plus, je nage dans le
    brouillard depuis ce matin.
5   Le bébé bâille, grogne, puis se rendort. Je le berce un peu.
    Bientôt, Luigi va poser la question. Il faut que je sois prête à y
    répondre correctement, avec tact.
    – Et personne n'est au courant, alors ? demande-t-il.
    Il m'énerve, avec ses « alors ? » à chaque fin de phrase !
10 – Non, personne. Ni le juge ni l'assistante sociale.
    Je manque ajouter « ni le père », mais je me retiens.
    – Elle a accouché ici, en secret. Dans le canapé du séjour, sans
    assistance médicale, comme au XVIIIe siècle ! C'était assez
    folklorique, mais on s'en est sorties. Elle va bien, le bébé est en
15 pleine forme. Il n'y a que moi qui… enfin, bon.
    – Tu n'aurais pas une bière par hasard ? s'enquiert Luigi.
    – Désolée. Le frigo est débranché.
    – Je peux reprendre de l'eau ?
    Il va au robinet, les jambes flageolantes. Je me demande ce qu'il
20 attend pour poser la question. Il me regarde :
    – Et qu'est-ce que tu vas faire, alors ?
    – Rentrer à la maison.
    – Et après ?
    Je hausse les épaules. Si j'en avais la moindre idée !
25 Luigi fait tourner son verre entre ses mains calleuses d'ouvrier
    mécanicien. Il a l'air franchement cloche, à rester là, immobile
    et triste. Il me fait pitié.
    – Tu ne veux pas savoir qui est le père ?
    Luigi ferme les yeux.
30 – Patty n'est pas une sainte nitouche, murmure-t-il. Et puis, elle
    a toujours eu des tas de mecs autour d'elle… Je le connais ?
    – Oui.
    – Je ne sais pas si j'ai envie de savoir…
    Il avale une gorgée d'eau.
35 – Pourtant, ça va t'intéresser, dis-je. C'est toi, le père.
    Bon, question tact, je repasserai, mais, au moins, c'est dit.
    Luigi s'étouffe, s'étrangle dans son verre d'eau.
    – Quoi ?! hurle-t-il.

---

2 **se barrer** *fam* s'en aller – 4 **le brouillard** Nebel – 17 **un frigo** *fam* un réfrigérateur –
17 **débranché** sans courant électrique – 19 **flageolant** tremblant – 25 **calleux** mit
Schwielen versehen – 26 **cloche** *pop* ridicule – 30 **une sainte nitouche** une personne qui
fait semblant d'être prude et innocente – 37 **s'étrangler** sich verschlucken

1 – Tu es le père de ce bébé, répété-je en essayant d'être douce mais ferme.
– Qui te l'a dit ?!
– Patty.
5 Luigi se tait. Il ouvre sa main et se met à compter sur ses doigts, à rebours. Je sais ce qu'il fait : il remonte le temps pour vérifier si ça colle, si je dis bien la vérité. Je ne m'en formalise pas. Cette vérité est tellement difficile à croire ; pas étonnant qu'il ait des doutes. N'empêche, tout calcul fait, la conception de Robinson
10 remonte à mi-novembre. À cette époque, Patty et Luigi étaient ensemble.
– Ça colle, confirme-t-il d'une voix brisée d'émotion.
Il baisse les yeux vers le bébé qui dort, détendu, dans le creux de mon coude. Une lumière indéfinissable allume son regard.
15 – C'est un garçon, alors ?
– Je te l'ai dit.
– Et il… il va bien ?
– Parfaitement bien. Je ne suis pas médecin, mais j'ai lu des bouquins et…
20 – Comment tu l'as appelé ?
– Robinson. J'ai trouvé ça ce matin. Il me faisait penser à un naufragé.
Luigi n'a pas l'air de saisir l'allusion littéraire à Robinson Crusoé, mais je n'ai pas envie de me lancer dans un résumé.
25 – Laisse tomber, dis-je. Ses futurs parents changeront sûrement son prénom.
Il secoue la tête. En l'espace de dix minutes, il vient d'apprendre qu'il avait un fils et… qu'il n'en n'aurait plus d'ici peu. C'est dur pour un type de vingt-deux ans qui s'en allait passer ses
30 vacances en Italie sans se soucier du reste du monde ! Pourtant, j'éprouve une sorte de joie perverse à lui assener tout ça en bloc. Au moins, maintenant, je ne suis plus la seule à supporter les conséquences de l'immaturité de Patty.
Je lui raconte le voyage éclair à Amsterdam, les mensonges à
35 tiroirs, notre crainte de voir le juge des tutelles s'en mêler, notre arrivée ici. Par respect pour le cœur amoureux de Luigi, je gomme l'épisode des Hollandais et passe directement à la nuit de fièvre et à l'accouchement qui a suivi. Luigi ponctue mon discours de « Ah », de « Oh », de « Mais… », et lorsque j'en arrive

---

7 **si ça colle** si c'est bien vrai – 7 **se formaliser de qc** sich an etw stoßen – 22 **un naufragé** Schiffbrüchiger – 23 **saisir** *ici:* comprendre – 31 **assener** [asene] *fam* von sich geben – 33 **l'immaturité** *f* le fait de ne pas être mûr – 34 **un voyage éclair** un voyage de courte durée – 34 **des mensonges** *mpl* **à tiroirs** des mensonges les uns après les autres

1 à lui expliquer comment j'ai coupé le cordon ombilical, il se tait
complètement, à moitié écœuré.
– D'autres détails ? proposé-je.
– Non merci.
5 Je souris. Pour être franche, j'ai encore du mal à croire que j'ai
fait ça toute seule. Je prononce des mots, je raconte ce que j'ai
vécu, mais ça reste irréel, comme si mon esprit se refusait à
admettre la vérité.
– Hier, Patty semblait sûre d'elle, achevé-je. Tout était prévu.
10 Elle allait prendre contact avec le juge, l'assistante sociale, les
organismes d'adoption… Je n'ai rien vu venir.
– Avec elle, on ne voit jamais rien venir, approuve Luigi. Pareil
pour moi, quand elle a décidé de ne plus me voir.
Je fais une moue dubitative.
15 – Moui, enfin… il y avait Caroline !
Luigi ouvre les bras, désemparé. Il secoue la tête, manifestement
partagé entre l'éclat de rire et la colère. Finalement, c'est
l'abattement qui l'emporte :
– Encore un mensonge, soupire-t-il. Il n'y a jamais eu de
20 Caroline. Patty m'a quitté sans raison un beau matin. Depuis,
j'ai essayé de la voir, de lui parler : impossible. C'est pour ça que
je suis venu jusqu'ici. J'espérais la coincer.
Aïe. Encore un mauvais point pour ma sœur.
– Tu l'aimes encore ?
25 Il me jette un regard désespéré. Évidemment, il l'aime. Nous
nous taisons. L'horloge du four indique 12h45 et l'atmosphère
est plus pesante que jamais.
– Je suis papa, alors… murmure Luigi.
Il contemple le petit, des larmes plein les yeux. C'est merveilleux,
30 et triste aussi. On peut dire que Patty brise les cœurs sur son
passage… Le mien, celui de Luigi, celui de Robinson. Un vrai
jeu de massacre.
Soudain, deux coups de klaxon nous font sursauter.
– Le taxi ! m'écrié-je.
35 Je me lève, prise de fièvre. Il va falloir rincer le biberon, charger
les bagages, ne rien oublier, fermer la maison, remplir une
bouteille d'eau…
– Tiens, prends-le une seconde.
Sans lui laisser le temps de dire ouf, je dépose Robinson dans
40 les bras de Luigi et je sors à la rencontre du chauffeur de taxi.

---

2 **écœuré** presque malade – 12 **approuver** confirmer – 14 **dubitatif** qui exprime le doute –
16 **désemparé** privé de tous ses moyens – 18 **l'abattement** *m* Niedergeschlagenheit –
18 **qui l'emporte** qui gagne – 22 **coincer** *fam ici:* rencontrer

1 – Bonjour ! me lance-t-il après avoir coupé le moteur. Désolé de
ne pas être venu plus tôt !
– Ça ne fait rien.
– C'est ma femme qui m'a transmis le message de votre sœur,
5 m'explique-t-il en contournant sa voiture pour ouvrir le coffre.
Ce n'est pas croyable, cette histoire de bébé... Votre cousine
devrait avoir honte, tout de même !
Je fronce les sourcils, méfiante. Qu'est-ce que Patty a encore été
inventer ?
10 – Ma femme m'a tout raconté, poursuit le chauffeur. Elle était
outrée, vraiment ! On n'abandonne pas un nourrisson, même
pour des raisons professionnelles ! Au téléphone, votre sœur
était furieuse, et je la comprends. Elle a bien fait de prendre le
premier train pour retrouver votre cousine. Mais vous ? Pour le
15 voyage, ça ira ?
Je cligne des yeux sous le soleil. Si je comprends bien, Patty s'est
attribué le beau rôle... Elle nous a pondu une cousine imagi-
naire et lui a fait endosser celui de la mère indigne !
Formidable.
20 – Dites-moi où sont les bagages, je m'en occupe, me propose le
chauffeur.
Je lui ouvre le chemin jusqu'à l'entrée.
Derrière la porte, nous tombons nez à nez avec Luigi. Il est
blême, debout devant les bagages, Robinson maladroitement
25 serré contre lui.
– Personne ne va prendre le taxi, dit-il.

---

11 outré hors de soi – **16 cligner des yeux** blinzeln – **17 pondu** *fam ici:* inventé (→
pondre) – **18 endosser** prendre le rôle de

Chapitre 21

1 Effectivement, personne n'a pris le taxi. Le chauffeur est reparti à vide, un peu agacé de s'être déplacé pour rien, même s'il a refusé que je le dédommage avec un des billets de Patty. Il a dû penser que, décidément, ça ne tournait pas rond chez les
5 Yazinsky, ce en quoi il n'a pas tort.
   – Qu'est-ce que tu croyais ? me demande Luigi en refermant avec humeur son coffre sur nos bagages. Que j'allais te laisser te débrouiller toute seule ? Que j'allais partir en vacances, comme si de rien n'était ?
10 Je hausse les épaules. S'il veut le savoir, je ne crois rien. Depuis quelque temps, je ne fais que subir les événements en essayant de limiter la casse, c'est tout.
   – Je ne suis pas comme Patty ! fulmine Luigi. Je ne prends pas la tangente au moment où on a besoin de moi ! Allez, monte !
15 J'obéis sans mot dire, puis claque la portière arrière.
   – Elle est folle, ta frangine ! poursuit Luigi en mettant le contact. Complètement folle !
   Il se retourne vers moi.
   – Ta ceinture, Mado.
20 Je lève les yeux au ciel.
   – J'allais la mettre, c'est bon. Pas la peine de me parler sur ce ton.
   – Désolé, mais cette histoire me renverse… soupire-t-il en mettant le contact. Tout à l'heure, quand tu m'as laissé dans la
25 cuisine avec le bébé, j'ai réalisé.
   Il appuie son front contre le volant.
   – C'est mon fils ! s'écrie-t-il. Il est tout petit ! Tout fragile !
   À côté de moi, sur la banquette arrière, Robinson dort, allongé sur le ventre, calé entre des oreillers et le matelas. J'ai jugé
30 préférable d'emporter toute la literie pour faire office d'airbag. Dans les brochures de la pharmacie, il y avait bien la liste du matériel qu'on doit acheter pour transporter un bébé en toute sécurité, mais nous n'avons pas eu le temps de nous équiper.
   – Elle mérite un procès, lâche Luigi entre ses dents. Pour non-
35 assistance à personne en danger et abandon de famille. Ça lui

---

3 **dédommager** entschädigen – 4 **ne pas tourner rond** ne pas bien aller – 12 **limiter la casse** *fam* limiter les dégâts – 13 **fulminer** *fam* formuler avec véhémence – 13 **prendre la tangente** *fam* se sauver, s'enfuir – 26 **un volant** Steuerrad – 29 **calé** *ici:* immobilisé – 30 **la literie** tout ce qui est nécessaire pour dormir dans un lit – 30 **faire office de** avoir la fonction de – 35 **ça lui ferait les pieds** *fam* elle peut en tirer une leçon (das wird ihr eine Lehre sein)

1 ferait les pieds, tiens !
   Je tressaille en l'entendant proférer ces menaces terribles, mais
   je n'ose rien dire. Luigi a l'air tellement sur les nerfs… C'est
   sûrement le contrecoup. Nous avons huit cents kilomètres pour
5 reprendre nos esprits.
   Il démarre et quitte le chemin, les pneus soulevant des nuages
   de poussière dorée.
   – Vas-y doucement, dis-je. Je te rappelle que Robinson n'est pas
   attaché…
10 – Je roule toujours doucement ! me rétorque-t-il vivement. Je
   travaille dans un garage, Mado. Des voitures accidentées, j'en
   vois tous les jours ! Ça calme.
   Cette remarque me cloue le bec. Pour moi, un ouvrier
   mécanicien est forcément un fondu de vitesse, un dangereux
15 chauffard macho et borné, mais Luigi n'est peut-être pas aussi
   crétin que je le pensais.
   Dans le rétroviseur central, la maison rapetisse. Avec ses volets
   clos et son air sage, on ne croirait pas qu'elle a été le théâtre de
   tant de tempêtes, ces dernières semaines. Je lui fais mentalement
20 mes adieux… jusqu'à l'été prochain, qui sait ?
   La voiture s'engage sur la route de la grange Montée. Je manque
   de protester, de crier qu'il ne faut pas passer par là, mais je me
   ravise aussitôt, devinant la réaction de Luigi. Pas de temps à
   perdre en détours, ni en superstitions. Et puis, je suis passée par
25 cette même route, il y a seulement quelques jours, alors… je ne
   vais pas en mourir.
   – Le bébé n'a pas trop d'air ? s'inquiète Luigi, un peu calmé. Tu
   veux que je remonte ma vitre ?
   – Non, c'est bon.
30 – Il n'est pas trop bousculé quand je tourne ?
   – Ça va.
   Je fronce les sourcils, plongée dans la contemplation morbide
   des bas-côtés de la route. J'ignore à quel endroit exactement
   a eu lieu l'accident. D'après ce qu'on nous a dit, la carcasse
35 défoncée de la voiture a été enlevée et envoyée à la casse après

---

3 **avoir l'air sur les nerfs** avoir l'air énervé – 4 **le contrecoup** la conséquence – 13 **clouer le bec** [bɛk] **à qn** *fam* faire taire qn – 14 **un fondu de vitesse** qn qui aime la vitesse – 15 **un chauffard** *fam* une personne qui roule trop vite et sans faire attention – 17 **le rétroviseur central** Rückspiegel im Innern des Autos – 17 **rapetisser** devenir de plus en plus petit – 24 **la superstition** Aberglaube – 32 **la contemplation** le fait de regarder – 33 **les bas-côtés** *mpl* les bords de la route – 34 **une carcasse** *fam* ce qui reste d'une voiture après un accident – 35 **défoncé** beschädigt – 35 **la casse** *fam* le lieu où sont amenées les voitures qu'on ne peut plus réparer

l'expertise. Ni Patty ni moi n'aurions eu envie de la voir, de toute manière.

Je respire en me penchant vers l'extérieur. Peut-on en vouloir à une route ?

5 Un virage. Deux virages. Trois, quatre. C'était peut-être ici… ou là. Je scrute le macadam pour y déceler des traces noires de dérapage, mais c'est idiot, puisque, justement, papa et maman n'ont pas pu freiner… C'était l'automne. Le paysage ne ressemblait pas à celui qui file sous mes yeux. Il y avait des
10 feuilles mortes, de la pluie. Pas un ciel bleu comme aujourd'hui, ni une chaleur de plomb. Malgré tous mes efforts, je ne parviens pas à reconstituer la scène. Alors, au bout d'un moment, je me contente de fermer les yeux. Tant pis pour le pèlerinage ; papa et maman ne sont pas ailleurs que dans mon cœur et ma
15 mémoire, à tout jamais.

Je dois penser au présent. Au temps immédiat. À Robinson, à moi, à Patty… À son propos, j'ai beaucoup réfléchi et je ne vois qu'une hypothèse valable : Amsterdam. Je suppose qu'elle est allée rejoindre Daan, Britt et… Sander. Mon Sander, mon amour.
20 Mais tout à l'heure, alors que nous entassions les bagages dans le coffre, quand Luigi m'a questionnée à ce sujet, j'ai menti. J'ai dit que je n'avais aucune idée de l'endroit où elle aurait pu aller. À quoi bon lui faire encore du mal ?

Mes yeux glissent sur le paysage, sans le voir vraiment. En
25 toute logique, c'est moi qui aurais dû m'enfuir, moi qui aurais dû prendre un billet pour Amsterdam. Ce genre de fugue amoureuse, c'est de mon âge, après tout ! À l'heure qu'il est, c'est Patty qui devrait se trouver à ma place ; elle, qui devrait veiller sur son bébé. Pourquoi ne suis-je pas légère, impulsive,
30 romantique ? Pourquoi faut-il toujours que j'aie les pieds sur terre, que je reste vissée au sol ? Pourquoi ai-je à ce point le sens du devoir ? Pourquoi, pourquoi, pourquoi…

---

6 **scruter** examiner – 6 **le macadam** *fam* la route – 6 **déceler** découvrir – 7 **le dérapage** le glissement brusque d'une voiture – 13 **le pèlerinage** *ici:* Pilgern – 20 **entasser** mettre les uns sur les autres (→ le tas) – 26 **une fugue** une fuite – 31 **être vissé au sol** vivre dans la réalité

Chapitre 22

1 – Tu n'as pas un sujet de conversation ? me demande Luigi après des kilomètres de silence. À la longue, je vais m'endormir…
Mon cœur bondit dans ma poitrine. S'endormir ? Au volant ? Pas question !
5 – De quoi tu veux parler ? demandé-je. Je suis très calée sur la guerre de 14-18. J'ai eu la meilleure note du collège en histoire, au Brevet.
Luigi émet un sifflement admiratif.
– Ta sœur m'avait bien dit que tu étais une tête ! Tu n'aurais pas
10 quelque chose de moins déprimant ?
Je réfléchis, mais tous les sujets me paraissent tristes : la vie, la mort, l'univers qui continue son expansion vers l'infini, et nos petites existences ridicules…
– Moi aussi, j'ai eu mon Brevet, continue Luigi en fixant la route.
15 Et mon Bac, aussi !
– Un Bac de mécanique ?
– Non, un Bac scientifique.
– Pourquoi tu travailles dans un garage, alors ? Tu aurais pu faire des études supérieures…
20 – Je suis un manuel. J'adore plonger mes mains dans l'huile de moteur.
– Berk.
– Ce n'est pas plus dégoûtant que de couper un cordon ombilical.
25 – Très drôle.
Nous roulons maintenant sur une nationale bordée de platanes, en direction de Montélimar. Je connais le trajet par cœur. Chaque fois que nous approchions de Montélimar, papa s'arrêtait pour prendre de l'essence. Il en profitait toujours pour
30 acheter des paquets de nougats, ce qui faisait râler maman. « Encore du sucre, disait-elle. Tu ne crois pas que tu as déjà assez de kilos superflus ? » Papa avait tendance à prendre du ventre, ces dernières années. Maintenant qu'il est mort, ça me paraît tellement idiot tout ça, le sucre, les régimes… C'est fou
35 ce que la vie peut paraître futile quand la mort survient. Tout ce qui nous semblait vraiment important devient brusquement

---

5 être calé sur qc *fam* savoir beaucoup de choses sur qc – **8 émettre** exprimer – **9 être une tête** *fam* être très intelligent – **19 des études** *fpl* **supérieures** des études à l'université – **22 berk** [bɛʀk] *fam* igitt – **23 dégoûtant** ekelhaft – **30 le nougat** spécialité aux amandes et au miel de Montélimar – **30 râler** protester – **32 prendre du ventre** grossir – **34 le régime** le fait de manger moins pour ne pas grossir

1   négligeable. À moins de croire en Dieu, peut-être ?
– Tu crois en Dieu ? demandé-je tout à trac à Luigi.
– Je ne t'en demandais pas tant, Mado ! rigole-t-il. J'ai dit : un sujet de conversation, pas un sujet de philosophie !
5   Je me rencogne dans le siège de la voiture, un peu vexée.
– Je suis d'une famille italienne... reprend néanmoins Luigi. Là-bas, la religion, c'est toute une affaire ! Mes parents sont croyants, mes oncles, mes tantes... Dans notre maison de famille, il y a des crucifix partout !
10   – C'est là-bas que tu allais ? Dans la maison de famille ?
– Oui. Un petit village à côté de Bologne.
– Ils vont t'attendre, non ?
– J'ai mon portable. S'ils s'inquiètent, ils m'appelleront.
– Tu vas leur dire ? Pour le bébé ?
15   Luigi me jette un bref regard dans le rétro.
– Qu'est-ce que je peux leur dire ? soupire-t-il. Je suis papa, mais pas vraiment. Si Patty veut le faire adopter...
Robinson ouvre la bouche, avance ses lèvres, tète le vide, puis se rendort. Le ronronnement du moteur doit lui être agréable. Moi
20   aussi, quand j'étais petite, j'aimais les voyages en voiture. Je me roulais en boule, bien au chaud, et je m'endormais.
– Puisque tu es son père, dis-je, tu as sûrement ton mot à dire à propos de l'adoption. Patty ne peut pas décider toute seule.
Luigi hausse les épaules. Il se concentre maintenant sur les
25   panneaux jaunes d'une déviation qui nous balade dans les méandres d'une zone industrielle. La voiture tournicote sur une enfilade impressionnante de ronds-points, de rocades, de bretelles... Luigi, l'œil fixe, la mâchoire crispée, bougonne et vitupère.
30   Enfin, après plusieurs demi-tours, nous trouvons le péage de l'autoroute. Luigi prend un ticket et s'engage dans le trafic. Il est déjà 3 heures de l'après-midi et Robinson est réveillé.
– Il va falloir s'arrêter, annoncé-je. C'est bientôt l'heure du biberon.
35   – Déjà ? Tu ne peux pas le lui donner dans la voiture ?
– Impossible.
– Et pourquoi ?

---

2 **tout à trac** [tʀak] *fam* soudain (plötzlich) – 5 **se rencogner** se faire petit – 15 **le rétro** *fam* le rétroviseur – 25 **une déviation** une route à suivre lorsqu'il y a des travaux – 26 **les méandres** *mpl* les zigzags – 26 **tournicoter** *fam* tourner vaguement – 27 **l'enfilade** *f* la série – 27 **un rond-point** Kreisverkehr – 27 **une rocade** Umgehungsstraße – 28 **une bretelle** *ici:* Auf-/Abfahrt – 28 **bougonner** murren – 29 **vitupérer** protester

1 – Parce qu'il faut verser de l'eau minérale dans un trou de
   cinq centimètres de diamètre, la faire chauffer, puis verser
   des dosettes de lait en poudre par cette même ouverture. Sans
   compter qu'après le biberon il faut changer la couche. Et ça…
5 – OK, d'accord. Je m'arrête à la prochaine aire.
   – Si tu pouvais en trouver une avec des toilettes propres…
   – Je fais ce que je peux, Mado.
   – Moi aussi, je te signale.
   Robinson pleure. Dans l'espace exigu de la voiture, ce n'est pas
10 comme à la maison. Au bout de quelques minutes, Luigi est si
   nerveux qu'il ne maîtrise plus sa conduite. Il donne des coups
   de frein, hésite à dépasser un camion, double à la dernière
   seconde sans mettre son clignotant. Les phalanges de ses doigts
   crispés blanchissent sur le volant. Il ne décroche plus un mot.
15 Sans m'en rendre compte, je m'agrippe à la ceinture de sécurité.
   De ma main libre, je tapote les fesses du bébé, mais ça n'a aucun
   effet. Je transpire abondamment. Évidemment, cette voiture
   n'est pas équipée de climatisation. Et dire qu'il y a une bouteille
   d'eau dans le coffre…
20 Enfin, Luigi s'engage sur la bretelle d'une aire de repos. Lorsqu'il
   se gare face à la cafétéria, je sens chaque muscle de mon corps
   se détendre. Nous sommes sains et saufs.
   – Je ne vais pas pouvoir conduire jusqu'à Paris s'il continue de
   pleurer comme ça, lâche Luigi, exaspéré.
25 Il sort de la voiture. À travers le pare-brise, je le vois s'appuyer
   sur le capot, dans l'attitude d'un coureur essoufflé par un cent
   mètres. Je me penche vers Robinson et le prends dans mes
   bras.
   – T'en fais pas, chuchoté-je, il va s'habituer…
30 À mon tour, j'ouvre la portière et me glisse dehors. Sur l'aire
   d'autoroute, des vacanciers surchargés, énervés et rougis,
   émergent de leur véhicule. On dirait des plongeurs qui
   remontent prendre de l'air en surface.
   – J'ai besoin de mon sac ! lancé-je à Luigi.
35 Il s'approche de moi, lentement, et m'ouvre le coffre.
   – Le bleu foncé, précisé-je.
   Nous nous dirigeons vers l'entrée de la cafétéria. Robinson
   pleure toujours. Des gens me dévisagent, avec plus ou moins
   d'étonnement, plus ou moins d'amusement ou de compassion.

---

3 **une dosette** une petite dose – 5 **une aire** une zone de repos sur l'autoroute – 9 **exigu**
petit – 13 **la phalange** Fingerglied – 14 **blanchir** devenir blanc – 17 **abondamment**
beaucoup (→ abondant) – 22 **sain et sauf** [sof] en bonne santé – 25 **le pare-brise**
Windschutzscheibe – 26 **le capot** Kühlerhaube

1 Certains se chuchotent des choses à l'oreille et je rougis comme une pivoine en croisant un groupe de garçons de mon âge, bronzés, radieux, joyeux. Pendant un quart de seconde, je manque de fourguer Robinson à Luigi, et de me précipiter vers
5 eux en les suppliant de m'emmener loin.

– Qu'est-ce que je fais du sac ? me demande Luigi avec agacement. J'ai besoin de me détendre, là. Il me faut un café…
Je repère le pictogramme qui indique l'espace-bébé et Luigi me suit de mauvaise grâce.
10 – Pose le sac, dis-je. Je vais me débrouiller toute seule.
– Je t'attends devant les machines à café.
– C'est ça.

Luigi m'abandonne dans le réduit pompeusement appelé « nursery » : trois mètres carrés, une table pliante en plastique,
15 un rouleau de Sopalin, un chauffe-biberon, un miroir, le tout éclairé par un néon jaunâtre.
Je pose Robinson sur le petit matelas plastifié et me regarde dans le miroir. Le bilan n'est pas reluisant. Cernes, yeux battus, boutons rouges sur le front. Qui croirait que je viens de passer
20 deux semaines au soleil du Midi ?

– Je n'ai pas envie d'être ici, dis-je à voix haute.
Robinson agite ses petits pieds, ses petits bras. Et lui ? Est-ce qu'il a envie d'être ici, hein ? Et Luigi ? Je déboutonne la grenouillère en ravalant quelques larmes. Pendant que le
25 biberon chauffe, je maudis Patty intérieurement. Je la maudis d'être elle, autant que je me maudis d'être moi. Je maudis la vie d'être à la fois si dure et si belle, parce que si elle n'était que dure, ce serait plus simple. On irait tous se pendre et on n'en parlerait plus. On ne sentirait pas la peau douce des bébés et cet
30 étrange attachement qui nous enchaîne à eux malgré tout.

– Bon, je me suis calmé, m'annonce Luigi lorsque je le rejoins devant les distributeurs de café. Tu veux boire quelque chose, ou bien manger ?
35 – Pas faim.
– T'as pleuré ?

---

2 **rougir comme une pivoine** devenir très rouge – 3 **radieux** très content – 4 **fourguer qc à qn** *fam* donner qc dont on ne veut plus à qn – 7 **l'agacement** *m* l'énervement – 8 **repérer** *fam* découvrir – 13 **un réduit** un petit espace – 15 **un rouleau de Sopalin** un rouleau de papier essuie-tout – 18 **un cerne** un cercle bleu de fatigue autour des yeux – 18 **les yeux** *mpl* **battus** qn a mauvaise mine – 23 **déboutonner** ≠ boutonner – 28 **se pendre** se tuer en mettant une corde autour du cou

Je réponds d'un haussement d'épaules. Luigi pose une main hésitante sur ma joue.

– Excuse-moi pour tout à l'heure.

Il tend les bras vers Robinson.

– Donne-le-moi un peu. Il est lourd, non ?

– Prends-le bien, tiens-lui la nuque.

– Comme ça ?

Robinson a les yeux grands ouverts. Il semble suivre du regard les éclats de lumière que le soleil projette au plafond. Je souris malgré ma lassitude.

– Je ne savais pas que les petits pleuraient autant, avoue Luigi. Tu crois que c'est normal ?

– Absolument normal.

– C'est pour ça qu'elle est partie, tu crois ?

– Peut-être.

– Qu'est-ce qu'on va faire de toi ? demande doucement Luigi à Robinson.

Dans le hall de la cafétéria, des familles passent, avec des enfants beaucoup plus grands que Robinson. Quand je les vois marcher, réclamer des glaces, courir et parler, je me demande comment un tel miracle a pu se produire… Comment Robinson, qui est si minuscule, pourrait-il devenir comme eux, un jour ?

10 **la lassitude** la fatigue

Chapitre 23

1 Nous roulons. D'autres voitures roulent dans le même sens que nous, vers le nord. Les plaques d'immatriculation me font voyager à travers l'Europe : Hongrie, Allemagne, Danemark, Suède, Espagne, mais, chaque fois que nous croisons des
5 Hollandais, je ne peux pas m'empêcher de les observer à travers les vitres. J'ai déjà du mal à me rappeler le visage de Sander. Est-ce qu'il finira par disparaître complètement, par s'effacer comme un simple portrait dessiné sur du sable ? Je n'ai même pas de photo de lui.
10 – Mado ?

Luigi conduit moins nerveusement depuis que Robinson dort. Il fait régulièrement des pauses de dix minutes pour se dégourdir les jambes, et nous repartons. Il est plus de 6 heures de l'après-midi et les panneaux annoncent Paris à trois cent cinquante
15 kilomètres.

– Quoi ?

– Dis-moi la vérité à propos de Patty.

Je lève les sourcils.

– Je t'ai tout dit.

20 – J'ai l'impression que non. Quand tu dormais tout à l'heure, tu as parlé dans ton rêve.

Je sens les battements de mon cœur s'accélérer. J'ignorais que je parlais dans mon sommeil.

– Tu as dit : « Sander… », ou un nom comme ça, « Sander,
25 passe-moi Patty. » On aurait dit que tu téléphonais. Qui c'est, ce Sander ?

Je reste silencieuse un moment, très embarrassée. Si mes rêves me trahissent, c'est sans doute que je ne suis pas faite pour le mensonge et la dissimulation. Je regarde Luigi qui attend
30 ma réponse en tambourinant sur le volant. Que dois-je faire ? Construire une histoire abracadabrante façon Patty ou bien jouer franc jeu ? Je dis :

– Sander est hollandais…

Puis je me tourne vers la vitre. Les collines vertes, les fermes, les
35 champs impeccables, les bosquets. Luigi ne va pas se contenter de cette parcelle de vérité.

---

2 **une plaque d'immatriculation** Nummernschild – 27 **embarrassé** verlegen – 29 **la dissimulation** le fait de cacher qc, de ne pas en parler (→ dissimuler) – 30 **tambouriner** frapper avec les doigts sur un certain rythme – 31 **abracadabrant** étrange et compliqué – 35 **impeccable** parfait – 35 **un bosquet** un groupe de petits arbres pour limiter un champ

1   – … un Hollandais que j'ai rencontré là-bas, en Ardèche. Ses
parents ont acheté une autre maison du hameau. Il était en
vacances quand on est arrivées, Patty et moi. Sa mère était
super-sympa.
5   Luigi se tord le cou pour me regarder.
– Regarde la route ! m'écrié-je.
– La vérité, rétorque-t-il.
– C'est la vérité ! Regarde la route !
Luigi se remet en position, face au pare-brise. Il a l'air sombre
10 et déterminé.
– Sander aussi était « super-sympa » ? demande-t-il, avec un
brin d'ironie.
– Oui.
– Et Patty le trouvait « super-mignon » ? reprend-il sur le même
15 mode désagréable.
– C'est moi qui suis tombée amoureuse de Sander, dis-je
sèchement. Voilà, t'es content ?
Luigi se retourne de nouveau pour me jeter un regard glacé.
– Tu mens, Mado.
20 – Pas du tout ! crié-je. La route !
– Qu'est-ce que t'as ? T'as peur d'avoir un accident ?
– Arrête ! hurlé-je. Tourne-toi !
L'ombre d'un sourire aux lèvres, Luigi finit par m'obéir. Il conduit
sur la voie de droite, compteur bloqué à 100. La voiture n'a pas
25 dévié, mais ce petit jeu m'a mise dans tous mes états.
– Ne recommence plus ça ! dis-je d'une voix altérée. T'es
vraiment con !
– Je veux savoir où est Patty, lâche Luigi entre ses dents. Je suis
sûr que tu as une idée.
30 Deux grosses larmes dégringolent le long de mes joues. J'en
ai marre de tout ça. Marre. Pourquoi est-ce que je me sens
toujours obligée de protéger les uns ou les autres ? Si Luigi veut
entendre la vérité, je n'ai qu'à la lui donner. Tant pis si ça lui
brise le cœur ! Tout ce que je veux, c'est rentrer à la maison.
35 Rentrer chez moi, ne pas mourir sur l'autoroute, rentrer chez
moi, dormir, reprendre ma vie, être heureuse jusqu'à la fin des
temps, sans ce poids permanent qui m'accable, me tétanise, me
coupe les ailes.
Alors, la voix entrecoupée de sanglots, je raconte à Luigi notre
40 rencontre avec Daan et Sander, nos baignades dans la rivière,

---

12 **un brin** *ici:* un petit peu – 24 **le compteur** [kɔ̃tœʀ] Geschwindigkeitsmesser –
25 **mettre qn dans tous ses états** *fam* jdn aufregen – 30 **dégringoler** tomben (purzeln)

les soirées de rigolade. Ce bonheur me semble lointain, stupide et merveilleux à la fois.

– Patty est tombée amoureuse de Daan, avoué-je. Quand il est reparti pour Amsterdam, elle n'a pas supporté et je crois que c'est ça qui a provoqué sa fièvre.

Durant mon récit, Luigi n'a pas une seule fois lâché la route des yeux. Et maintenant que je me tais, il la fixe sans rien dire, comme s'il était hypnotisé. Au bout d'un très long moment, il déclare :

– Elle est là-bas, alors. À Amsterdam avec son prince charmant.

Je hoche la tête, abasourdie. À côté de moi, Robinson se tortille dans son sommeil. Ni mes cris ni mes larmes ne l'ont réveillé. J'espère pour lui qu'il ne se souviendra pas de ce voyage, de ces mots prononcés, de l'absurdité et des cahots de son début de vie.

Je perçois soudain des reniflements qui viennent de l'avant. Un coup d'œil dans le rétro : Luigi est en train de pleurer à son tour. On peut dire qu'il a gagné sa journée. Le gros lot, même : un bébé et un chagrin d'amour, le pack deux-en-un offert par les magasins Patty Yazinsky.

19h30, aire d'autoroute bondée, à cent quatre-vingts kilomètres de Paris. Le soleil décline lentement, mais il fait encore chaud. Je suis assise sur un banc, au bord d'un bac à sable, avec Robinson qui tète son biberon. Des enfants glissent sur un toboggan à la peinture écaillée. Des chiens aboient. Des parents fatigués s'étirent en tournant mollement autour des voitures, comme des zombies. Les Parisiens seront bientôt chez eux, mais les Belges ? les Danois ? Leur voyage va continuer jusque très tard dans la nuit. Ils s'arrêteront peut-être pour dormir dans un hôtel près de l'autoroute et, quand ils arriveront enfin chez eux, ils auront un torticolis et les reins en compote.

– Y'avait plus de thon-mayonnaise, m'informe Luigi en posant un sac en plastique à côté de moi. Je t'ai pris jambon-gruyère, ça ira ?

Il grimpe sur le dossier et pose ses pieds sur le banc.

– Je suis mort, déclare-t-il.

Il laisse son regard partir vers la ligne d'horizon, loin derrière

---

11 **abasourdi** benommen – 14 **des cahots** *mpl* des difficultés – 18 **le gros lot** *fam* das große Los – 24 **un bac** [bak] **à sable** Sandkasten – 25 **un toboggan** Rutsche – 26 **écaillé** enlevé – 32 **un torticolis** steifer Hals – 32 **avoir les reins en compote** *fam* avoir très mal au bas du dos – 36 **un dossier** *ici:* Rückenlehne – 37 **être mort** *ici:* être extrêmement fatigué

1 une rangée de peupliers rabougris, par-delà les champs de blé.
Durant quelques instants de silence, j'essaie de me mettre à sa
place : il a fait huit cents kilomètres dans un sens, presque huit
cents dans l'autre, flanqué d'un nourrisson et de la petite sœur
5 revêche de son ex-petite amie... Je le trouve plutôt courageux,
dans l'ensemble.
– La première fois que j'ai vu Patty, dit-il brusquement, je l'ai
aimée tout de suite. Elle avait une façon de rire, d'être elle-
même... C'est le genre de personne qui ne triche pas avec la
10 vie.
Je l'écoute, sans rien dire, sans le regarder.
– Patty est une menteuse professionnelle, mais elle est vraie
quand même. Tu n'es pas d'accord ?
Je me contente de hocher la tête. Il a raison. Aussi paradoxal
15 que ça puisse paraître, c'est exactement la formule qui convient
pour définir Patty. Avec elle, même si on en bave des ronds de
chapeau, on est dans la vie, tout le temps. Dans le mouvement,
l'énergie, la joie. Même dans les pires moments de déprime, il y
a en elle une force brute qui résiste.
20 – Elle ne m'a jamais pris au sérieux, poursuit Luigi, je le sais. Je
lui ai fait du bien au moment où elle allait mal, après l'accident.
J'espérais qu'elle commence à m'aimer, avec le temps.
– Je suis sûre qu'elle t'aime beaucoup.
Je ne devrais pas dire ça, mais je le dis quand même, pour
25 consoler Luigi.
– Elle ne m'aime pas, tranche-t-il. Elle est partie à Amsterdam
parce qu'elle est amoureuse d'un autre. On s'est croisés, tu vois...
Pendant que je roulais vers le sud en préparant le discours que
j'allais lui faire, elle remontait vers le nord sans penser à moi.
30 Les lèvres de Robinson lâchent la tétine. Il pousse un soupir
repu et, presque en même temps, Luigi soupire aussi. Je tourne
la tête pour le regarder. Il me sourit tristement. À cet instant, je
comprends que ni lui ni moi ne parvenons à détester Patty pour
de bon, malgré toutes les crasses qu'elle nous a faites. C'est
35 sans doute le plus incroyable de cette histoire : Patty fait tout
pour nous empêcher de l'aimer, mais nous l'aimons toujours,
malgré elle et malgré nous. C'est un ensorcellement. Et lorsque
je pose mes yeux sur Robinson, je sais que lui aussi il l'aimera. Il

---

1 **un peuplier** Pappel – 1 **rabougri** mal développé – 5 **revêche** qui a mauvais caractère –
16 **en baver des ronds de chapeau** fam supporter beaucoup de problèmes – 26 **trancher**
affirmer catégoriquement – 28 **faire un discours à qn** parler sérieusement et de manière
bien réfléchie à qn – 31 **repu** ici: satt – 34 **pour de bon** véritablement – 34 **une crasse**
fam un mauvais tour, une méchanceté – 37 **l'ensorcellement** m le fait d'être soumis au
charme de qn (Zauber)

1 grandira sans doute loin d'elle, mais il l'aimera.

Peu à peu, les enfants désertent le toboggan et le bac à sable. Les portières des voitures claquent, les chiens cessent d'aboyer.

Voilà. Sur cette aire d'autoroute, des gens se sont croisés, avec

5 leur vie, leurs histoires, leurs pensées secrètes et leurs grosses fatigues. Ils ne se sont rien dit. Ils n'avaient qu'une chose en tête : continuer le voyage.

Je regarde la voiture de Luigi, stationnée sur le parking. Elle est petite, moche et cabossée. Robinson, Luigi et moi ne valons

10 guère mieux…

– C'est parti ? me demande Luigi après avoir englouti la dernière bouchée de son sandwich.

– C'est parti.

---

11 **c'est parti ?** *fam* est-ce qu'on part ?

Chapitre 24

1 – Qu'est-ce que c'est ? dis-je en pâlissant.

Nous roulons sur une nationale, en rase campagne. Le moteur vient de faire un drôle de bruit et un voyant s'est allumé sur le tableau de bord. On dirait qu'un morceau de métal s'est détaché 5 et cogne sous le capot. Luigi met son clignotant, donne un coup de volant et se gare en catastrophe sur le bas-côté. Des camions nous dépassent en klaxonnant.

– Qu'est-ce que c'est ? répété-je, l'estomac noué.

Sans répondre, Luigi sort de la voiture.

10 Nous avons quitté l'autoroute il y a dix minutes à peine. Des ambulances et des camions de pompiers filaient sur la voie de gauche, toutes sirènes hurlantes. Des panneaux nous avertissaient qu'il y avait un énorme bouchon à quatre kilomètres, alors nous sommes sortis.

15 À travers le pare-brise, je vois Luigi ouvrir le capot. À notre gauche, un champ de maïs. À notre droite, un champ de maïs. Au-dessus de nous, un ciel chargé de nuages sales. Il commence même à pleuvoir quelques gouttes.

Je me penche vers Robinson qui tord ses petits poings. Sa 20 respiration semble s'accélérer ; si je ne me trompe pas, dans cinq secondes, il va se mettre à pleurer.

– Là, là... dis-je en lui caressant le ventre. Pas de panique. Je te rappelle que ton père est garagiste.

Sous ma main, la grenouillère en coton, le ventre chaud et 25 tendu de Robinson. Sa bouche s'ouvre, son visage se crispe, il devient rouge écarlate. Gagné : il pleure. Je le soulève et le colle contre moi. Dehors, le capot levé m'empêche de voir Luigi, mais j'entends qu'il bidouille le moteur. Les camions nous frôlent, la voiture tangue sous les vibrations et les appels d'air. Contre 30 moi, Robinson se recroqueville en poussant des cris aigus. Je le secoue comme je peux, doucement, puis un peu plus fort, en espérant que ça fasse descendre ce qui coince, mais il se tortille de plus belle et ses cris me percent les tympans.

– Calme-toi, merde.

---

2 **en rase campagne** en pleine campagne – 3 **un voyant** Kontrollampe – 4 **un tableau de bord** Armaturenbrett – 5 **un clignotant** Blinker – 6 **se garer en catastrophe** s'arrêter très vite – 7 **klaxonner** hupen – 13 **un bouchon** Stau – 28 **bidouiller** *fam* bricoler – 28 **frôler** passer très près – 29 **tanguer** s'agiter – 30 **se recroqueviller** se replier (sich kauern) – 33 **le tympan** Trommelfell

1 Les gouttes viennent gifler les vitres de la voiture. J'ai chaud, je
crève de chaud. Je suis comme une tortue effrayée, enfermée
dans cette carapace de tôle. J'étouffe, j'ai besoin d'air ! J'appuie
sur le bouton pour baisser la vitre et la pluie vient mouiller la
5 banquette. Robinson braille toujours. Je ne comprends rien à
ce qu'il veut. Si Patty s'amenait, là, tout de suite, devant moi,
je lui jetterais son fils à la figure, comme un vulgaire torchon.
« Tiens ! Reprends tes affaires, ma vieille ! » Et puis je partirais en
courant, loin d'elle, loin d'eux, loin de cette voiture minable et
10 de ces champs. Je courrais aussi vite que possible, malgré leurs
appels et leurs suppliques. Je me boucherais les oreilles.
  – On n'est pas tirés d'affaire, dit soudain Luigi en ouvrant la
portière de devant.
Un violent courant d'air me bouscule les cheveux. Je frissonne.
15 – On est en panne ? C'est ça ?
Il se baisse pour attraper une mallette à outils dans la boîte à
gants. Ses doigts sont déjà noirs et gras. Robinson crie toujours.
Sans un mot, les sourcils froncés d'inquiétude, Luigi referme la
portière et disparaît de nouveau. Maintenant, j'ai froid, alors je
20 remonte la vitre. Les pieds de la grenouillère de Robinson sont
tout mouillés. Pourquoi ne se tait-il pas, pourquoi ? Si cette
panne n'est pas réparée dans cinq minutes, je vais devenir
zinzin.
  – Zinzin ! dis-je à haute voix.
25 Brusquement, je pose Robinson sur la banquette. J'ai le bras
droit ankylosé à force de le tenir contre moi. Maintenant qu'il
est allongé à plat ventre, ses cris sont un peu moins stridents.
  – Très bien, lui dis-je, pleure si tu veux. Moi, je m'en vais.
Je me glisse à l'extérieur et clac, je referme la portière, faisant
30 taire du même coup les jérémiades de Robinson. Je m'éloigne
de la voiture. Très vite, les épis de maïs dressent devant moi
leur barrière végétale. Je me retourne. Luigi est courbé, la tête
sous le capot. Il ne m'a pas vue. Et si je m'enfuyais, moi aussi ?
Si je lui faussais compagnie, maintenant ? Je jette un regard
35 aux alentours. À part les champs, j'aperçois quelques toits
de fermes posés au milieu de nulle part. Cependant, nous ne
devons plus être loin des villes, de la civilisation. Je ferais du

---

2 **une tortue** Schildkröte – 3 **une carapace de tôle** *fam* Blechkiste – 6 **s'amener** *fam*
venir, arriver – 11 **une supplique** une demande – 12 **être tiré d'affaire** *fam* être sauvé –
16 **une mallette à outils** [uti] Werkzeugkasten – 23 **zinzin** *fam* fou – 26 **ankylosé** raide –
30 **les jérémiades** *fpl fam* les plaintes, les lamentations qui énervent parce qu'elles ne
s'arrêtent pas – 34 **fausser compagnie à qn** quitter discrètement qn – 35 **les alentours**
mpl le paysage qui entoure le lieu

1 stop, je trouverais des gens pour m'héberger… C'est tellement
tentant que je m'avance pour écarter les tiges des maïs.
La pluie me fait du bien, l'air me fait du bien. J'entre dans le
champ en repoussant les épis et les larges feuilles. Un pas, deux
5 pas, trois pas… C'est drôle de marcher là, au milieu de ces
plantes géantes. Peu à peu, le bruit de la nationale s'affaiblit,
remplacé par les frémissements des feuilles sous le vent et la
pluie. Je lève les yeux. Entre les têtes oscillantes des maïs, le ciel
m'apparaît, gris foncé. J'ai l'impression d'être cachée dans une
10 grotte. Je m'arrête et m'assois par terre. La chaleur accumulée
dans le sol me traverse le dos, les mains, les bras. C'est
extraordinairement bon. Je voudrais rester là, longtemps, et
dormir par terre. Ne plus jamais entendre les pleurs du bébé, ne
plus jamais entendre parler de Patty, de Luigi, ni de personne.
15 Pas même de mes parents. Pas même du lycée, des copines. Pas
même de Sander. Le monde entier me casse les oreilles. Allez-
vous-en, tous ! Laissez-moi tranquille, laissez-moi dormir par
terre dans ce champ. Quand je me réveillerai, cent mille ans
se seront écoulés et plus rien n'existera. Il n'y aura plus que la
20 Lune, les étoiles, les ruisseaux et les fourmis. Et moi, libre, qui
marcherai en silence dans le monde enfin calme, enfin désert.
Tout le brouhaha pénible se sera tu, à jamais.
Je respire lentement, en caressant la terre avec la pulpe de mes
doigts. C'est simple de vivre, finalement. Il suffit de s'asseoir et
25 d'attendre. Plus de douleur, plus de tristesse, plus d'absence.
Tout à coup, un bruit me distrait. Je tourne la tête. À quelques
mètres de moi, entre les pieds de maïs, je vois apparaître des
oreilles, une petite tête, deux yeux brillants. Je me fige, souffle
coupé. Le lapin aussi m'a vue. Il s'est arrêté là, et il me regarde.
30 Seul son nez bouge. Je suis tellement surprise que je n'arrive
même plus à savoir si ce lapin est réel ou non. Est-ce que je dors ?
Est-ce que je rêve ? Est-ce qu'il s'est passé cent mille ans ?
Comme je ne bronche pas, le lapin fait un bond dans ma
direction. Je vois le poil blanc de son poitrail. Il remue ses
35 oreilles, sans bruit, et s'approche encore. Soudain, je réalise
qu'il y en a un autre, juste derrière lui ! Deux lapins ! Je ne bouge
toujours pas, en espérant qu'ils viennent me renifler. J'aimerais
tant toucher leurs petites têtes !

---

2 **une tige** Stängel – 4 **un épi** Ähre – 6 **géant** très grand – 16 **casser les oreilles** *fpl fam*
faire mal aux oreilles – 19 **s'écouler** passer – 20 **un ruisseau** une petite rivière – 20 **une**
fourmi Ameise – 22 **le brouhaha** *fam* le grand bruit – 22 **se sera tu** → se taire – 23 **la**
pulpe des doigts la pointe des doigts – 29 **un lapin** Kaninchen – 33 **broncher** *ici:*
bouger – 34 **le poitrail** [pwatʀaj] Brust

1 Mais brusquement, sans que je sache pourquoi, ils détalent en
sens inverse. Froup ! En un clin d'œil, ils disparaissent dans les
profondeurs obscures du champ.
– Ça alors, dis-je, pensive.
5 Je souris. Autour de moi, les gouttes de pluie s'écrasent sur la
terre sèche. Mes cheveux sont trempés et je ne m'en étais pas
rendu compte. Ce sont peut-être les gouttes qui ont effrayé les
lapins ?
Je me relève, toute déboussolée. Le champ de maïs ne me dit
10 plus rien, maintenant. Il m'inquiète, même… Je secoue mon
pantalon plein de terre et je rebrousse chemin vers la nationale
en me guidant aux bruits de la circulation.
Quand je débouche à l'air libre, je m'aperçois qu'il pleut assez
fort. Quelques éclairs fissurent la masse noire des nuages à
15 l'horizon. Luigi est toujours penché sous le capot. Je pousse un
soupir de soulagement, pas mécontente tout de même de me
retrouver là, près de lui.
Je m'approche en rentrant la tête dans les épaules.
– Ça va ?
20 Il émerge, le visage rouge, les tempes mouillées de
transpiration.
– Non, ça ne va pas. Rentre te mettre à l'abri, ce n'est pas le
moment d'attraper la crève !
Dans la voiture, Robinson hurle, le visage congestionné. Il a
25 réussi à s'emmêler les pieds dans la taie d'oreiller. Le voir dans
cet état me bouleverse. Je le prends dans mes bras et serre
contre moi son petit corps qui me semble bouillant.
– Oh, la la ! Qu'est-ce que j'ai fait ? dis-je. Je t'ai laissé tout seul…
Pauvre Robinson…
30 Et comme si je n'étais pas assez mouillée, je me mets à pleurer.
– Je suis là, je suis là, je suis là…
Je répète cette phrase en hoquetant, tandis que Robinson s'apaise
peu à peu. Non, je ne m'en irai pas. Non, je ne t'abandonnerai
pas. J'avais juste besoin de prendre l'air un moment, tu vois, et
35 de marcher et de voir des lapins.
J'attrape un biberon d'eau minérale et les lèvres de Robinson
se referment avidement sur la tétine. Si ça se trouve, il était au
bord de la déshydratation ! Au même instant, Luigi referme le
capot. À voir sa tête, nous ne sommes pas sortis de l'auberge,

---

1 **détaler** *fam* partir subitement – 9 **déboussolé** sans orientation – 11 **rebrousser chemin**
repartir, reprendre le chemin par lequel on est venu – 20 **la tempe** Schläfe – 23 **la**
crève *fam* le rhume – 37 **si ça se trouve** peut-être qu' – 38 **la déshydratation** la perte
dangereuse d'eau

1   mais, puisqu'il s'assoit derrière le volant et qu'il met le contact,
    je me contente d'attacher ma ceinture, sans rien demander.
    Nous roulons au ralenti, warnings allumés, pendant quelques
    kilomètres, jusqu'à ce que Luigi décide d'emprunter une petite
5   route qui part en direction d'un village. Sous le capot, il me
    semble bien que ça fume un peu, mais vu l'ambiance crispée
    qui règne dans la voiture, j'évite de faire des commentaires.
    À l'entrée du village, Luigi baisse sa vitre et demande à une
    passante où se trouve le garage le plus proche.
10 – Un garage… dis-je un peu plus tard, alors que nous traversons
    le village. Ça veut dire que c'est sérieux ?
    Luigi ne répond pas, concentré sur l'itinéraire indiqué par la
    dame. Dehors, il pleut moins. Quelques enfants se poursuivent
    à vélo sur la place de l'église, tandis que des hirondelles
15 tournoient autour du clocher en poussant des cris aigus. Dans
    la lumière crépusculaire, je trouve tout cela sinistre. Je pousse
    un soupir désespéré en songeant que nous n'arriverons jamais
    jusqu'à Paris.

    – Vous avez raison, c'est une durite, confirme le garagiste en
20 examinant le moteur. Maintenant, faut voir si j'ai le modèle…
    Luigi le suit dans l'atelier et me laisse avec Robinson sous le
    hangar crasseux. Une durite. Bon.
    – Ça ne nous avance pas beaucoup de le savoir, hein ? dis-je à
    Robinson en tournicotant au milieu des pneus et des enjoliveurs.
25 Je n'y connais rien en mécanique, moi.
    Je lui caresse le menton.
    – Et toi ? Tu sais ce que c'est, une durite ? Tu crois que ton père
    t'apprendra à réparer les moteurs, un jour ?
    L'odeur de graisse, d'essence et de plastique me porte au cœur.
30 Comme il ne pleut plus, je me hasarde à l'extérieur. Derrière le
    hangar, au fond d'une cour pleine de nids-de-poule, je découvre
    un véritable cimetière de voitures. Portières arrachées, toits
    défoncés, carrosseries éventrées, il y en a des dizaines, dont
    certaines sont tellement aplaties qu'on se demande si elles ont
35 vraiment roulé autrefois.
    Robinson sur mon épaule, je m'avance dans les allées, saisie
    d'une fascination morbide. Dans la pénombre, on dirait une

---

3 **les warnings** [waʀniŋ] *mpl* Warnblinkanlage – 14 **une hirondelle** Schwalbe –
16 **crépusculaire** du crépuscule (Abenddämmerung) – 19 **une durite** Zufuhrschlauch –
22 **un °hangar** Schuppen – 24 **un enjoliveur** Radkappe – 31 **un nid-de-poule** un trou dans
le sol – 37 **la pénombre** l'obscurité *f*

1   sorte de morgue pour robots après une catastrophe atomique.
    – Et les gens ? demandé-je à voix haute. Où sont-ils, ceux qui
    conduisaient ces voitures ?
    Je serre Robinson très fort contre moi. L'épuisement et la tension
5   me donnent envie de pleurer. Heureusement, à cet instant, Luigi
    m'appelle. Je frissonne et rebrousse chemin à toute vitesse pour
    échapper à cette impression de fin du monde.
    Luigi semble avoir retrouvé un semblant de bonne humeur. Il
    brandit un sachet en plastique qui contient un tuyau.
10 – C'est bon, j'ai la pièce.

    Une heure après, la voiture est réparée, le moteur ronronne
    comme un chat et le réservoir est plein. J'ai changé Robinson
    dans le bureau que le garagiste a gentiment mis à ma disposi-
    tion, au milieu des factures et des catalogues de véhicules
15 utilitaires. J'ai même préparé un biberon de secours, au cas où.
    Le problème, c'est qu'il fait vraiment nuit, maintenant. Luigi
    est blême de fatigue et nous avons encore cent trente kilomè-
    tres à faire.
    – Tu crois que tu vas tenir le coup ? demandé-je une fois assise à
20 l'arrière. On pourrait peut-être dormir à l'hôtel ?
    Luigi se retourne vers moi.
    – Tu as peur ?
    – Un peu. Tu verrais ta tête…
    Il pousse un soupir las et, à mon grand soulagement, il décide
25 de retourner vers le village.
    La région n'étant pas franchement touristique, les boutiques ont
    baissé leurs rideaux de fer depuis belle lurette et il n'y a plus un
    chat dans les rues. On voit seulement les lueurs trépidantes des
    écrans de télé à travers les vitres des maisons. Luigi contourne
30 l'église et remonte vers la mairie.
    – Pff, on ne trouvera jamais d'hôtel dans ce bled.
    Après trois tours dans les rues du centre, je suis bien obligée de
    constater qu'il a raison. Le village est vraiment trop petit ; on a
    déjà eu de la chance d'y dénicher une durite !
35 – Je sais ce qu'on va faire, dit Luigi, on va s'arrêter là.
    Nous sommes juste derrière un haut bâtiment qui doit être
    l'école, et il me désigne une étendue d'herbe qui peut faire
    office de parking.

---

1 **la morgue** le lieu où on entrepose les morts avant de les enterrer (Leichenhalle) – 9 **un tuyau** Schlauch – 19 **tenir le coup** *fam* résister à une grande fatigue – 23 **tu verrais ta tête** si tu voyais ta tête – 27 **depuis belle lurette** *fam* depuis longtemps – 28 **trépidant** ≠ calme – 34 **dénicher** *ici:* trouver

1 – Je vais dormir une heure ou deux, ensuite, on repart.
   Il se gare sous les arbres.
   À dire vrai, ça ne me plaît pas des masses de dormir dans la
   voiture, mais le souvenir des carrosseries défoncées que j'ai vues
5 au garage me hante. Luigi coupe le moteur, éteint les phares
   et bascule le dossier de son siège. Le silence tombe soudain,
   profond et noir comme la nuit qui nous englobe. Seule la légère
   brise qui secoue les feuillages mouillés provoque de temps à
   autre la chute d'une grosse goutte d'eau sur le pare-brise. Ploc.
10 Je me penche vers Robinson. Allongé sur le ventre, il dort en
   tétant un bout du drap. Je tire l'oreiller très lentement vers moi,
   puis je cale ma tête dessus et je ferme les yeux. Ploc.
   – Une heure ou deux, Mado, bâille encore Luigi. Juste le temps
   de récupérer.
15 Je remonte mes genoux vers mon ventre. Ploc.

---

3 **pas des masses** *fam* pas spécialement – 5 **hanter** *litt* obséder – 6 **basculer** baisser

Chapitre 25

1 La lumière de l'aube me tire du sommeil en sursaut. J'ai mal
partout et, surtout, je n'arrive pas à croire que Robinson ait
dormi aussi longtemps sans réclamer à manger ! Pourtant,
l'évidence est là, sous mes yeux : il dort encore, détendu, le
5 souffle léger.

Celui qui n'a pas le souffle léger, en revanche, c'est Luigi. Vautré
en travers des sièges avant, le ventre coincé contre le levier de
vitesse, il ronfle.

J'ouvre la portière avec la plus grande discrétion et je m'extirpe
10 de la voiture. Dehors, il fait doux. Un parfum de fleurs, intense et
sucré, me saisit les narines. Aussitôt, mon estomac se contracte.
Pas de doute, j'ai une faim de loup ! J'ouvre le coffre et attrape
mon porte-monnaie dans le sac bleu. À cette heure-ci, je devrais
bien trouver une boulangerie ouverte…

15 J'abandonne donc mes deux dormeurs sans hésiter, direction
la place de l'église. L'herbe humide me chatouille les chevilles
et mouille le bas de mon pantalon. Au loin, j'entends meugler
des vaches… peut-être les gargouillis d'une rivière. Rien
d'autre. Aucun signe tangible d'une activité humaine, comme
20 si ce matin était le premier matin du monde. Mes jambes sont
encore engourdies, mais le ciel s'ouvre devant moi, si limpide,
que je me mets à courir dans la rue en pente avec une allégresse
incroyable. J'ai faim ! Je suis vivante ! Je suis la première à goûter
le jour qui se lève ! Je me sens légère, légère !

25 J'entre tout essoufflée dans la boulangerie, un sourire jusqu'aux
oreilles. Ding-dong, fait le carillon au-dessus de la porte.
– Bonjour, fait la boulangère en surgissant de l'arrière-
boutique.

L'odeur du pain chaud me donne aussitôt le tournis et c'est
30 avec une sorte d'ivresse que je dévalise les présentoirs. Plus la
boulangère remplit ses sacs en papier, plus je souris. Quatre
croissants. Quatre pains au chocolat. Quatre chaussons aux
pommes. Des chouquettes.

---

1 **l'aube** f ≠ le crépuscule – 7 **le levier de vitesse** Schalthebel – 9 **s'extirper** sortir –
16 **la cheville** Knöchel – 17 **mouiller** ≠ sécher – 17 **meugler** muhen – 21 **engourdi**
eingeschlafen – 21 **limpide** clair, pur – 22 **l'allégresse** f la grande joie – 26 **un carillon** une
petite cloche – 27 **l'arrière-boutique** f la petite pièce derrière le magasin – 29 **le tournis**
fam le vertige – 30 **l'ivresse** f l'état d'une personne qui a bu trop d'alcool – 30 **dévaliser**
fam vider – 30 **un présentoir** Verkaufsständer – 32 **un chausson aux pommes** une pâte
feuilletée remplie de compote de pommes – 33 **une chouquette** un gâteau en forme de
petit chou avec du sucre sur le dessus

1 – Mettez aussi deux brioches et deux canettes de jus d'orange, achevé-je, au bord de l'évanouissement.

La boulangère fait son addition en chantonnant. Elle doit penser que sa journée commence bien, mais son bonheur n'est
5 rien en comparaison de celui qui m'attend ! À peine sortie de la boutique, je me jette sur un pain au chocolat. Hum, ch'est bon !

La bouche pleine, je me tourne vers le ciel, comme pour le remercier d'être là, immobile et paisible au-dessus de ma tête.
10 Les cloches de l'église sonnent six fois, le soleil inonde la place, un coq chante quelque part, une voiture passe : tout ce que je trouvais sinistre la veille me paraît si gai ce matin ! Bien sûr, mes soucis ne sont pas résolus pour autant, mais je décide de les mettre entre parenthèses et d'aller m'asseoir sur un banc, dans
15 une flaque de lumière, pour profiter de ce moment de bonheur volé.

Lorsque je reviens à la voiture, je trouve Luigi assis sur le capot. Il me tourne le dos, mais je devine qu'il a Robinson dans les bras. Il est en train de lui chanter une chanson. En italien, on
20 dirait. Je m'approche et me racle la gorge pour l'avertir de ma présence.

Luigi cesse de chanter. Il me dévisage, sans rien dire. Je lui tends le sac en papier et la canette de jus d'orange. Nous échangeons un sourire. Un simple sourire. Il y a des matins comme ça, un
25 peu magiques, où il ne sert à rien de parler.

Deux heures plus tard, nous roulons sur le périphérique pari-sien. Je regarde défiler les immeubles, les enseignes publicitai-res géantes, les affiches jaunies par les jours de soleil.
30 Un nuage grisâtre flotte au-dessus de Paris. Il y a le vacarme, les milliers de toits qui s'enchevêtrent jusqu'à l'horizon, la butte Montmartre, la tour Eiffel, les gens pressés… Les vacances me semblent bel et bien terminées, et j'éprouve soudain une méchante nostalgie pour la rivière, les cigales de l'Ardèche. Dans
35 peu de temps, nous arriverons à la maison. J'ai l'impression qu'alors tous les problèmes vont me retomber dessus. Ce que je voudrais, au fond, c'est continuer de rouler. Rester dans la voiture, tourner en rond autour de la capitale, jusqu'à ce que mes forces reviennent.

---

2 **l'évanouissement** *m* la perte de conscience – 11 **le coq** [kɔk] le mâle de la poule – 14 **mettre entre parenthèses** *ici:* oublier pour un moment – 20 **se racler la gorge** sich räuspern – 20 **avertir** informer – 27 **une enseigne publicitaire** Werbeschild – 30 **grisâtre** de couleur à peu près grise – 30 **le vacarme** le grand bruit

1   – Et si on allait la chercher ? suggère Luigi tout à coup.
    Le panneau « porte d'Aubervilliers » vient de passer. Luigi me
    jette un coup d'œil dans le rétroviseur.
    – Il suffit de prendre l'autoroute porte de la Chapelle, enchaîne-
5   t-il. En cinq heures, on est à Amsterdam.
    Je sens les battements de mon cœur s'accélérer brutalement.
    Sans le savoir, Luigi vient de répondre à mon désir muet. Mais,
    franchement, je ne sais pas si…
    – Faut qu'on se décide, Mado ! L'entrée de l'autoroute est à cinq
10 cents mètres !
    Amsterdam ? Cinq heures ? Retrouver Patty ? Et… revoir Sander ?
    C'est complètement fou, bien entendu.
    – Alors ?
    Luigi a presque crié. Nous venons de dépasser le panneau
15 qui indique l'embranchement de l'A1. Je me jette vers le siège
    avant :
    – D'accord !
    Luigi s'engouffre in extremis sur la bretelle : direction Lille,
    Bruxelles, plein nord. Mes doigts restent crispés sur l'appuie-
20 tête du siège avant. Luigi me lance un regard en biais.
    – Ta sœur est une mule, mais elle va trouver à qui parler, pas
    vrai ?
    Je me mets à rire tandis que nous tournons le dos à Paris et que
    la tour Eiffel rapetisse dans le rétroviseur. Luigi rigole aussi et
25 toute ma nostalgie s'envole d'un seul coup : non, les vacances
    ne sont pas finies ! Nous sommes libres comme l'air, et ce soir,
    si tout va bien, je reverrai Sander !
    – Yahou !
    Luigi donne un coup de klaxon, puis un autre et encore un
30 autre.
    – Yahou ! Yahou ! répète-t-il.
    Et nous crions comme ça pendant cinq minutes, comme des
    imbéciles heureux, en nous fichant éperdument des gens qui
    nous regardent de travers dans les autres voitures, jusqu'à ce
35 que Robinson se mette à pleurnicher et que je sois obligée de le
    prendre contre moi pour le calmer.
    – On va chercher ta mère, lui dis-je, la voix encore pleine de rire.
    On va la ramener par la peau du cou, s'il le faut ! On va lui dire

---

2 **porte d'Aubervilliers** une sortie du boulevard périphérique, au nord de Paris –
15 **l'embranchement** *m* l'endroit où la route se divise – 15 **A1** l'autoroute vers le nord –
18 **in extremis** [inɛkstʀemis] au tout dernier moment – 19 **l'appuie-tête** *m* Kopfstütze –
20 **en biais** ≠ tout droit – 21 **une mule** un âne – 24 **rapetisser** devenir de plus en plus
petit – 33 **éperdument** *ici*: totalement – 38 **la peau du cou** *ici*: en tenant fermement son
cou

1 qu'elle exagère et on va lui montrer de quel bois on se chauffe,
nous trois !
Robinson se détend et cesse de pleurer. Soudain, je réalise
qu'aujourd'hui il a sept jours. C'est presque un anniversaire !
5 Une semaine d'existence, des dizaines de biberons engloutis,
deux paquets de couches usés et huit cents kilomètres au
compteur. Bientôt neuf cents, et même mille ! Pas mal pour une
si petite personne !
– Tu seras sûrement un grand voyageur, chuchoté-je à son
10 oreille.
À ce moment-là, une sonnerie retentit. Tilili tilili. C'est le
portable de Luigi. De sa main droite, il le sort de sa veste et me
le tend pour que je réponde.
– On ne sait jamais… si c'était Patty.
15 J'appuie sur le bouton et, aussitôt, une voix de femme
commence à me parler. Je ne comprends pas un mot de ce
qu'elle baragouine.
– Excusez-moi, je ne parle pas italien… Je suis juste une… une
amie de Luigi.
20 Avec un fort accent, la femme me demande ce qui se passe,
pourquoi ce n'est pas Luigi qui répond, et où il est, et pourquoi il
n'est pas encore arrivé et s'il a eu un accident, oh santa Maria.
– Je crois que c'est ta mère, annoncé-je en grimaçant.
Luigi lève les yeux au ciel.
25 – Dis-lui que je la rappelle dans une heure.
Je donne quelques explications en articulant de mon mieux :
non, pas d'accident, rien de grave, Luigi est au volant, il a
seulement eu un petit contretemps, il vous rappelle. Robinson
s'agite dans mes bras. Je me mets à rire en me demandant si
30 le terme de « petit contretemps » est vraiment approprié pour
qualifier un bébé.
– Elle avait l'air inquiète, dis-je en raccrochant.
Luigi écarte les mains, fataliste :
– Toutes les mères s'inquiètent…
35 – Toutes, sauf une, soupiré-je en reposant Robinson sur le
matelas.
Je pense à Patty. Ce n'est pas parce qu'elle a mis ce bébé au
monde qu'elle s'est soudain transformée en mère modèle.
Sinon, nous ne serions pas en train de lui courir après à travers
40 l'Europe ! Mon excitation de tout à l'heure fait place à une

---

1 **montrer de quel bois on se chauffe** *fam* montrer qu'on ne plaisante pas/ rigole pas –
17 **baragouiner** *péj* parler mal une langue – 28 **le contretemps** *ici:* la difficulté

morosité subite. Comment va-t-elle réagir quand elle nous verra débouler à Amsterdam ? Si ça se trouve, elle va nous envoyer balader.

– Comment ça se fait que tu n'as pas d'accent ? demandé-je à Luigi pour changer de sujet.

– Moi ? Yé né pas l'assent ?

– Pff !

Luigi me jette un regard amusé :

– Je suis né en France, espèce de pomme ! Tu crois qu'on a l'accent italien à Nanterre ?

– Mais ta mère ? Elle vit en Italie, non ?

– Elle y est retournée après le divorce, il y a dix ans. Elle ne s'entendait plus avec mon père. Elle a toujours eu le mal du pays, de toute façon.

– Tu ne la vois pas très souvent, alors ?

– Deux ou trois fois par an, ça me suffit ! Si tu la connaissais, tu comprendrais tout de suite… Je l'adore, mais elle est vraiment italienne jusqu'au bout des ongles. Elle m'épuise.

Nous venons de passer Senlis et il fait de plus en plus chaud dans la voiture. Je n'ai plus envie de parler tout d'un coup. Les mots de Luigi restent en suspens dans l'air, comme des bulles de savon. « Ça me suffit. » Comment peut-on se suffire de ne voir sa mère que deux fois par an ? Pour moi qui ne verrai plus jamais la mienne, cette phrase est absolument incompréhensible.

– Ça t'embête si je mets de la musique ? s'enquiert Luigi.

Je secoue la tête. De la musique, oui, ce sera parfait. Il enclenche le bouton de l'autoradio. C'est de la clarinette. Un concerto de Mozart, m'explique-t-il.

Je pose mon front sur la vitre et, les yeux fermés, je m'abandonne aux violons et à cette clarinette qui voltige, très douce, comme un papillon au-dessus d'un champ de fleurs.

---

1 **la morosité** l'humeur triste – 3 **envoyer balader qn** *fam* dire à qn qu'on ne veut plus le voir – 10 **Nanterre** une ville au nord-ouest de Paris – 18 **jusqu'au bout des ongles** *mpl* bis in die Fingerspitzen – 19 **Senlis** une ville au nord de Paris – 25 **s'enquérir** demander – 26 **enclencher le bouton de l'autoradio** allumer la radio – 30 **voltiger** *ici:* flotter en l'air

Chapitre 26

1 Juste avant la frontière belge, nous nous arrêtons dans une station-service. À force, je vais pouvoir faire une étude comparative entre les différentes cafétérias et dresser un tableau complet de la propreté des aires d'autoroute, depuis le
5 sud jusqu'au nord de la France ! Ici, justement, l'espace-nursery a l'air moins déprimant et étriqué que dans d'autres stations.
– Allons-y, dis-je à Robinson. C'est l'heure de la couche propre !
Luigi pose une main sur mon épaule :
10 – Je m'en occupe, Mado. Va plutôt te dégourdir les jambes et acheter de quoi manger.
Il tend les bras pour que je lui passe Robinson. Je le regarde, incrédule :
– Il faudrait aussi lui préparer un biberon, tu ne sauras pas...
15 – 3 dosettes de lait en poudre pour 90 ml d'eau minérale, rétorque-t-il avec un sourire malicieux. Je t'ai bien observée, tu vois !
J'en reste coite.
– C'est pas ça ? s'inquiète Luigi.
20 – Si, c'est ça. Les couches sont dans la poche du milieu et tu peux utiliser les lingettes pour lui nettoyer les fesses.
Il s'empare du sac, de son fils, et disparaît dans la nursery. Je reste un instant plantée derrière la porte, l'oreille tendue, prête à intervenir si j'entends des hurlements de nourrisson. Après
25 tout, Robinson ne connaît pas encore bien son père. Il n'est pas habitué à sa voix, à son odeur ; il pourrait avoir peur.
J'ai la main sur la poignée de la porte, quand deux garçons sortent des toilettes messieurs. Grands, bronzés, des lunettes de soleil coincées dans leurs cheveux, ils passent près de moi
30 en me reluquant.
– Salut ! lance le brun.
– Tu ne trouves pas le chemin des toilettes ? rigole le blond.
Je rougis.
– Si, si, merci...
35 Ils se plantent devant moi, les mains dans les poches de leur bermuda, l'air sûr d'eux.

---

3 **dresser un tableau** faire une analyse – 6 **étriqué** ≠ large – 16 **malicieux** malin – 18 **coi** silencieux, sans pouvoir parler – 21 **une lingette** Feuchttuch – 30 **reluquer** *fam* regarder du coin de l'œil – 31 **lancer** *ici:* dire – 35 **se planter** *fam ici:* se tenir debout sans bouger

1 – Tu fais partie du groupe UCPA ?
– Euh… non.
– Dommage, sourit le brun. On manque de jolies filles, tu ne veux pas venir avec nous ? On te fera une place dans le car.
5 – Ouais, renchérit l'autre, on se serrera un peu ! On part faire de la voile en mer du Nord.
Je secoue la tête, mal à l'aise.
– T'aimes pas la voile ? s'étonne le blond.
La porte de la nursery s'ouvre soudain et Luigi apparaît avec
10 Robinson tout débraillé entre les bras. Il ne remarque même pas que j'ai de la compagnie.
– Ah ! Mado, t'es encore là. Viens voir. C'est la couche, j'y arrive pas…
Je vois les deux garçons pâlir et ouvrir la bouche comme des
15 carpes. Leurs yeux vont de Luigi à Robinson et de Robinson à moi, sidérés.
– Excusez-moi, dis-je, le devoir m'appelle.
Les deux bronzés battent en retraite, à toutes jambes, et je pénètre dans la nursery, pas mécontente de mon effet : les
20 histoires de couches, il n'y a pas mieux pour décourager la drague estivale !
Je suis en train de montrer à Luigi comment positionner les bandes adhésives, quand son téléphone sonne de nouveau.
– Ah zut, ma mère !
25 Il me laisse finir et prend la communication. Je m'attends à l'entendre parler italien, mais, à la place des excuses et des explications, il n'y a rien d'autre qu'un silence déconcertant. Je me tourne vers lui : sa main gauche est crispée sur l'appareil et sa main droite est retombée mollement le long de sa cuisse. Il
30 fait une drôle de tête.
– C'est pas ta mère ?
Il me fait signe que non et sort précipitamment de la pièce. Je fronce les sourcils. Si une autre catastrophe doit nous tomber dessus, je crois que je ne vais pas tenir le choc. Pour un peu,
35 je regretterais presque d'avoir refusé l'invitation des deux dragueurs. Après tout, la mer du Nord, c'est peut-être pas si froid qu'on le croit ? Et puis, le brun était plutôt mignon…

---

1 **UCPA** Union des Centres de Plein Air : association qui organise des voyages sportifs pour les jeunes – 5 **renchérir** ajouter – 10 **débraillé** dont les vêtements sont en désordre – 14 **ouvrir la bouche comme une carpe** *fam* ouvrir la bouche en grand sans parler – 16 **sidéré** stupéfait – 18 **battre en retraite** s'en aller vite – 21 **la drague** *fam* la recherche d'une aventure amoureuse – 21 **estival** [ɛstival] de l'été – 23 **une bande adhésive** Klebverschluss – 29 **mollement** kraftlos (→ mou) – 34 **tenir le choc** [ʃɔk] *ici:* supporter

1 Je me dépêche de quitter la nursery avec Robinson. Par la porte
vitrée qui donne sur le parking, j'aperçois Luigi qui fait les
cent pas, téléphone vissé à l'oreille. Je prends mon courage à
deux mains et je sors le rejoindre. Tout ce que j'intercepte de la
5 conversation est :
– OK, OK... on arrive.
Et il éteint son portable.
– On arrive où ? demandé-je, sur mes gardes.
Luigi me considère gravement. Son visage exprime à la fois la
10 colère, le soulagement et l'étonnement. Un mélange explosif.
– C'était Patty, m'annonce-t-il. Elle est à Paris.
Je me mords la lèvre. Patty, bien sûr... Pour les explosifs, c'est
la spécialiste ! Sur le coup, je ne dis rien, parce qu'il n'y a rien
à dire. Ma gorge se noue. Je pense à Sander. Je pense à tous ces
15 kilomètres qu'on a avalés. Pour rien.
La mine grise, Luigi ouvre la voiture. Je sens que, lui aussi, il
aurait voulu continuer le voyage. Pas pour les mêmes raisons
que moi, bien sûr. Mais la route, les routes...
Une fois dans la voiture, Luigi m'explique ce qui s'est passé.
20 Hier soir, Patty est arrivée trop tard à Paris. Elle a raté le dernier
train pour Amsterdam. Elle aurait pu rentrer à l'appartement
pour y passer la nuit, mais elle a eu peur que j'y sois déjà avec
Robinson et que je l'empêche de repartir. Un rire nerveux me
secoue les épaules. Je demande :
25 – Où est-ce qu'elle a dormi, alors ?
– À la gare du Nord, comme une grande fille.
– Tu veux dire, dans la gare ? Par terre ?
– Faut croire. Et dans la nuit, elle s'est fait voler son sac. Quand
elle s'est réveillée, elle n'avait plus rien : plus d'argent, plus de
30 papiers... et plus de clés.
Je me prends la tête dans les mains. Est-ce la vérité ou s'agit-il
encore d'une affabulation signée Patty ?
– Elle téléphonait d'où ?
– De chez la concierge. C'est elle qui lui a dit que j'étais venu,
35 l'autre jour, et que je comptais vous rejoindre en Ardèche. Du
coup, Patty a eu l'idée de m'appeler sur mon portable.
– Riche idée.
Luigi hoche la tête et démarre. Voilà. Cette fois, l'oiseau-Patty
est dans la cage et notre escapade est terminée. Une bouffée de
40 colère me soulève la poitrine :

---

2 **faire les cent pas** marcher de long en large – 3 **vissé** collé – 4 **intercepter** *ici:* n'entendre
que quelques mots – 8 **sur mes gardes** prêt à la défense – 32 **une affabulation** une
histoire inventée par un menteur

1 – Est-ce qu'elle s'est excusée, au moins ?

– À ton avis ? soupire Luigi. C'est tout juste si elle ne m'a pas reproché de vous avoir aidés, alors les excuses…

Je fulmine :

5 – Et Robinson ? Elle a demandé de ses nouvelles ? Elle s'est souciée de savoir s'il allait bien ?

Luigi secoue la tête, accablé.

Décidément, ma sœur est incroyable. Quelle que soit la situation, elle parvient toujours à ses fins. C'est son côté buté :
10 n'importe qui se découragerait face à une obstination pareille. Même papa et maman ne parvenaient pas à lutter…

Nous faisons demi-tour pour prendre l'autoroute dans l'autre sens. Tout en regardant défiler les glissières et les buissons rabougris sur le terre-plein central, je me laisse envahir par
15 les souvenirs. Je me souviens par exemple des discussions interminables à propos des études de Patty. Durant des années, papa et maman ont bataillé pour qu'elle arrive jusqu'au Bac. Après la 3e, ils l'ont inscrite dans un lycée privé où elle était censée combler ses lacunes. Au bout de deux ans de ce régime,
20 les lacunes étaient toujours là. Ma sœur avait le cerveau bouffé aux mites, une vraie passoire. Elle allait être majeure, à quoi bon se voiler la face plus longtemps ?

Un soir, alors que Patty venait de rapporter son bulletin catastrophique du deuxième trimestre, mes parents ont baissé
25 les bras : la guerre des études était terminée, drapeau blanc.

Comme pour se faire pardonner, Patty avait préparé le repas. J'ai encore dans la bouche le goût de ces tomates farcies surgelées, un peu brûlées sur les bords. Les mots de papa étaient simples, étonnants, sans amertume : « Tout le monde n'est pas fait
30 pour le système scolaire, disait-il. N'allons pas plus loin, Patty. Arrête-toi là. » Lorsque Patty a compris que plus personne ne l'obligerait à apprendre le théorème de Thalès et les poèmes de Baudelaire, son visage s'est illuminé. Maman a repris : « Depuis toujours, nous ne souhaitons qu'une chose : que tu
35 sois heureuse. Alors, si tu arrêtes tes études, trouve une activité qui te rende heureuse. »

Sans hésiter, Patty avait répondu : « Serveuse ! »

---

7 **accablé** abattu – 10 **l'obstination** f la volonté – 13 **une glissière** Leitplanke – 14 **un terre-plein central** Mittelstreifen – 17 **batailler** mener une petite guerre – 19 **combler ses lacunes** apprendre pour rattraper le manque de connaissances – 21 **une mite** Motte – 21 **une passoire** Sieb – 25 **le drapeau blanc** le symbole de la paix – 27 **surgelé** tiefgefroren – 33 **Baudelaire** Charles Baudelaire, poète du XIXe siècle – 33 **s'illuminer** s'éclairer

Cela faisait déjà deux étés qu'elle gagnait un peu d'argent dans une pizzeria. Les patrons étaient contents d'elle. Ils étaient prêts à l'engager pour de bon. Papa a hoché la tête : « La restauration ? C'est dur, mais pourquoi pas ? », et maman a ajouté : « Pour commencer, tu éviteras de faire brûler les tomates. » Voilà. Fin
5 de la discussion. Un mois plus tard, Patty était embauchée.
Au-delà des glissières, la campagne plate du Pas-de-Calais s'étire sous le soleil. De temps en temps, un terril se dresse, étrange et noir, sur le fond clair du ciel.
Je songe : « Et moi ? Qu'est-ce que je vais devenir ? Nounou au
10 foyer ? Tata professionnelle ? Sage-femme ? Après tout, j'ai déjà fait un stage ! » J'imagine les regards courroucés de mes parents. « Ah non, Mado ! Pas question que tu te sacrifies ! Tu es douée pour étudier, pour lire, chercher, écrire... »
Je hausse les épaules, la gorge plus sèche qu'un désert. À
15 quoi ça sert de faire des études si la vie s'acharne à me rendre malheureuse ? À quoi ça sert de connaître des dates, des théorèmes et des poèmes, si Robinson doit être placé dans un foyer de la DDASS ?
Des spasmes désagréables me nouent l'estomac. Je viens de
20 comprendre à quel point je me suis attachée à ce petit bébé, en l'espace de quelques jours. Nous ne nous sommes pas quittés, lui et moi, depuis qu'il est né. Il est resté, lui ! Il ne s'est pas enfui au petit matin, lâchement !
J'imagine tout à coup une horde d'assistantes sociales qui
25 débouleraient un matin en hurlant que cet enfant n'est pas le mien, en m'accusant de m'en être mal occupée. Je les vois se pencher vers Robinson, avec leurs bras de pieuvre... Je les vois s'emparer de lui, me l'arracher, me le voler !
– Mado ! appelle Luigi. Tu me déconcentres avec tes
30 gémissements, qu'est-ce que tu as ?
Je tressaille. J'ai dû m'assoupir. J'ai soif. Une soif terrible, presque douloureuse. Je me penche et saisis la bouteille d'eau. Au passage, mon front effleure les pieds de Robinson, qui dépassent du bord du siège. Ils sont si petits, ces pieds... si
35 minuscules... J'éclate soudain en sanglots.
Et pendant que je pleure, Luigi conduit en silence, la tête rentrée dans les épaules. Le pauvre ! Il n'a pas fini d'en souper, avec les sœurs Yazinsky...

---

5 **embauché** engagé – 6 **le Pas-de-Calais** un département au nord de la France – 7 **un terril** [teʀi(l)] Abraumhalde – 11 **courroucé** en colère – 15 **s'acharner** *ici:* insister – 19 **un spasme** Krampf – 24 **une °horde** une bande de personnes indisciplinées – 27 **une pieuvre** Krake – 31 **s'assoupir** s'endormir un peu – 37 **souper de qn** *ici:* être ennuyé par qn

Chapitre 27

1 L'appartement sent le chaud et le renfermé, cette odeur asphyxiante typique du retour des vacances, qui donne envie de repartir illico. Luigi traverse le salon sur la pointe des pieds, comme un funambule et, avec d'infinies précautions, dépose
5 Robinson sur le canapé. Je retiens mon souffle. S'il se réveille, il va encore pleurer et, là, je crois que je ne supporterai pas... Mais, par bonheur, Robinson continue de roupiller. À mon avis, ce bébé est assez futé pour comprendre qu'il doit se faire discret pendant quelques heures... Sa mère est de retour et elle lui a
10 piqué la vedette.

Dans un silence d'église, je déballe les objets de première nécessité (biberons, lait, couches...), tandis que Luigi redescend à la voiture chercher le reste des bagages.

Durant tout ce temps, Patty reste debout dans l'entrée, immobile.
15 C'est à peine si nous avons échangé trois mots depuis qu'elle a surgi sur le trottoir en voyant la voiture arriver.

Je vais dans la cuisine pour mettre de l'eau au frais et ouvrir la fenêtre. Cette odeur m'indispose et m'étouffe ; il me faut de l'air !
20 Lorsque je reviens dans le salon, je constate que Patty n'a toujours pas bougé. Sur ses joues pâles, deux larmes dégoulinent. J'hésite alors entre deux options : lui sauter à la gorge pour l'étrangler ou lui sauter au cou pour la consoler ? Je ferme les yeux, lâche un soupir et décide de ne rien faire. Après tout, Patty
25 ne mérite ni l'étranglement ni la compassion.

Chargé comme un baudet, Luigi pénètre à nouveau dans l'appartement. Il est 4 heures de l'après-midi, le 17 août, et je crois que je n'ai jamais été aussi fatiguée de toute ma vie.

Pendant un moment, nous restons tous silencieux, indécis,
30 gênés.

– Bon, je vais prendre une douche, annonce soudain Patty en s'éclipsant vers la salle de bains. Je pue comme une vieille clocharde.

J'échange un regard avec Luigi, qui semble soulagé d'en rester
35 à des choses prosaïques pour le moment : se laver, manger, dormir, ça va. Pour ce qui est de discuter et de prendre des

---

2 **asphyxiant** [asfiksiã] *ici:* étouffant – 4 **un funambule** qn qui marche en équilibre sur une corde – 7 **roupiller** *fam* dormir – 8 **futé** plein de finesse – 10 **piquer la vedette** enlever l'importance – 11 **déballer** ≠ emballer – 18 **qc indispose qn** von etw wird es jdm schlecht – 21 **dégouliner** couler lentement – 25 **la compassion** la pitié – 26 **un baudet** *fam* un âne – 32 **s'éclipser** s'éloigner

1	décisions importantes, nous aviserons plus tard.
   – Je vais aller faire des courses, me dit-il.
   Du coup, je me retrouve seule, les bras ballants, au milieu de cet
   appartement si familier et si étranger à la fois. C'est la présence
5	de Robinson, surtout, qui produit un effet bizarre. Dois-je
   m'habituer à le voir dormir sur le canapé ?
   Je traîne ma valise dans ma chambre.
   Là aussi, ça sent le renfermé, alors j'ouvre la fenêtre en grand.
   Un courant d'air fait frémir les papiers entassés sur mon
10	bureau. Je m'approche et passe un doigt sur la couverture du
   bouquin que j'ai laissé en plan, il y a trois semaines. Une fine
   couche de poussière s'est déposée dessus. Je souffle sur mon
   doigt, faisant voltiger les particules de saleté dans les rayons
   du soleil. Se pourrait-il qu'un jour tout rentre dans l'ordre ?
15	Est-il encore possible que je puisse, un beau matin, à ce même
   endroit, ouvrir mes cahiers et mes livres pour faire mes devoirs
   comme une lycéenne normale ?
   Je lève la tête. Et là, mes yeux rencontrent ceux des deux
   bonshommes que j'avais dessinés sur le papier peint avant de
20	partir en vacances. Je les avais presque oubliés ! Leurs gros yeux,
   leurs gros nez et leurs sourires figés… Mon papa et ma maman
   de papier, mes anges gardiens inutiles.
   « Oui, je l'aimais », dit la bulle du premier bonhomme.
   « Oui, je l'adorais », ajoute la bulle du second.
25	Qu'est-ce qui m'a pris d'écrire sur les murs ? Suis-je donc seule
   au point que j'éprouve le besoin de m'inventer des compagnons
   si dérisoires ?
   Je me plante, tremblante, devant les deux bonshommes.
   – Vous auriez adoré Robinson, leur dis-je. Il pleure souvent,
30	mais il est si mignon…
   Mes mains cherchent à tâtons un stylo sur mon bureau. Je le
   débouche et je gribouille les terminaisons des verbes inscrits
   dans les bulles. À la place des « ais » de l'imparfait, je trace les
   « e » du présent : « Oui, je l'aime », « Oui, je l'adore ».
35	– Désormais, la vie se conjuguera comme ça, murmuré-je. Au
   jour le jour. Au présent immédiat.
   Puis, je m'assieds par terre, devant ma valise éventrée, qui
   semble cracher ses viscères comme un opéré qu'on aurait

---

3 **les bras ballants** inactif – 11 **laisser en plan** ≠ emporter – 13 **voltiger** *ici:* voler en
l'air – 13 **une particule** une très petite partie – 22 **un ange gardien** Schutzengel –
27 **dérisoire** lächerlich – 31 **à tâtons** en essayant de trouver – 32 **gribouiller** écrire de
façon illisible – 35 **se conjuguer** *ici:* se dérouler – 38 **cracher** *ici:* jeter – 38 **les viscères**
[visɛʀ] *fpl* Eingeweide

1 oublier de recoudre : en désordre, mes vêtements sales,
mes vêtements propres, mes affaires de toilette, la trousse à
pharmacie et *J'attends mon premier enfant* dont les pages sont
toutes cornées.
5 Dedans, à la page 128, je retrouve le papier sur lequel Sander
a écrit son adresse. Son écriture me fait sourire, parce qu'elle
est tarabiscotée comme celle d'une fille. Inscrit en bas, il y a un
numéro de téléphone interminable. Son numéro. Il suffirait de
le composer pour entendre sa voix ou celle de Britt… ou celle
10 de Daan. Mon cœur se serre. Il faut que je planque ce bout de
papier parce que, si Patty tombe dessus, elle risque de faire
encore des bêtises.
Quand les choses seront moins compliquées, je me promets
d'écrire à Sander pour lui raconter qu'on a failli venir jusqu'à
15 Amsterdam, mais qu'on n'a pas réussi à passer la frontière…
Il va sans doute me cataloguer définitivement comme une
cinglée !
À ce moment, on frappe à ma porte.
– C'est moi, dit la voix de Patty.
20 J'ai juste le temps de remettre le papier dans le livre. Elle
apparaît, une serviette enroulée sur la tête.
– Mado, je…
Sans me demander la permission, elle vient s'asseoir sur mon
lit.
25 – … je suis vraiment désolée, poursuit-elle d'une voix étranglée.
J'ai été nulle de A à Z et je ne sais pas comment tu peux encore
me supporter, mais ce que je veux te dire, c'est que je…
Elle s'interrompt et se tord les mains. Va-t-elle me dire qu'elle
m'aime ? Va-t-elle me demander pardon ? Si ces mots-là
30 passent le seuil de ses lèvres, sûr que je vais m'effondrer, comme
d'habitude, et que toutes mes rancœurs s'évanouiront.
– Je ne veux pas que Luigi passe la soirée ici, finit-elle par
murmurer. Je ne veux pas lui parler. D'ailleurs, je n'ai rien à lui
dire.
35 – Pardon ?
Je suis tellement estomaquée que je manque d'éclater de rire.
– Tu n'as rien à lui dire ? J'espère que c'est une plaisanterie.
Elle secoue la tête. La serviette se dénoue et retombe sur ses
épaules, découvrant sa chevelure jaune.

---

2 **une trousse à pharmacie** un sac pour les médicaments – 4 **corné** mit Eselsohren –
7 **tarabiscoté** [taʀabiskɔte] affecté – 10 **planquer** *fam* cacher – 17 **cinglé** fou –
30 **s'effondrer** craquer – 31 **la rancœur** le ressentiment – 36 **estomaqué** verblüfft

1 – Je veux que Luigi me foute la paix, Mado. Je n'ai pas besoin
de lui. Dès que le bébé sera adopté, je partirai rejoindre Daan
à Amsterdam.
Je n'en reviens pas, mais, en même temps, c'est du Patty tout
5 craché. Elle poursuit son objectif, son idée fixe, et le reste
compte pour du beurre. Que Luigi ait passé deux jours sur les
routes à se fader les pleurs de Robinson, mes humeurs et les
pannes de moteur, ça ne lui fait ni chaud ni froid. Ulcérée, je
hurle :
10 – Mais qu'est-ce que tu crois, Patty ? Que tu as pondu ce bébé
et que tu vas t'en débarrasser aussi sec ? Tu crois que c'est si
simple ?
– Je déteste quand tu me parles sur ce ton, Mado !
– Tu voudrais peut-être que je te remercie ? Tu nous abandonnes
au petit matin, tu racontes mensonge sur mensonge, tu nous
15 laisses nous débrouiller avec un bébé d'une semaine ! Si tu ne
t'étais pas fait piquer ton sac, tu serais où en ce moment, hein ?
– Loin de toi, en tout cas ! crie Patty. Loin d'ici, loin de tout ! Ça
me ferait des vacances !
J'ai envie de lui donner des claques.
20 – Tu ne peux pas effacer les gens comme ça ! Luigi est le père de
Robinson ! Tant que vous ne vous serez pas expliqués tous les
deux, il restera à la maison !
Patty roule la serviette en boule et me la jette dessus avec rage :
– T'es de son côté, c'est ça ? Je croyais que tu le trouvais idiot et
25 moche ! T'as changé d'avis ?
Je n'ai pas le temps de lui répondre. Luigi vient d'ouvrir la porte
de la chambre. Le visage cireux et la bouche tremblante, il nous
envoie un regard lourd de tristesse, avant de refermer la porte,
tout simplement. Je reste tétanisée.
30 Patty se lève, ramasse la serviette et sort. Trois secondes après,
je l'entends claquer la porte de sa chambre. Pas de doute, la
soirée s'annonce gaie.

17 août, 11 heures du soir

Mes chers parents,
35 *Voici quelques nouvelles du monde des vivants…*
Je lève mon stylo et jette un timide regard vers mon mur. Les
deux bonshommes gribouillés me sourient toujours comme

---

1 **foutre la paix** *fam* laisser tranquille – 4 **c'est du Patty tout craché** c'est typiquement
Patty – 6 **compter pour du beurre** *fam* ne pas avoir d'importance – 7 **se fader** *fam*
supporter – 8 **ulcéré** blessé profondément – 27 **cireux** blanc comme la cire

pour m'encourager à poursuivre ma lettre. Je ne sais pas si c'est
une bonne idée, pourtant. À force d'entretenir ce rapport avec
les morts, je risque peut-être de devenir schizophrène ? Folle à
lier ? Siphonnée, tamponnée ? Il faudra que j'en parle avec la
psychologue...
En attendant, je décide de continuer. Ça me fait du bien d'écrire,
ça me calme.

La soirée n'a pas été aussi atroce que je le craignais. D'abord,
Patty a fait l'effort de sortir de sa chambre, ce qui n'était pas
gagné, ensuite, Luigi a évité de faire allusion à notre dispute. Il
avait manifestement décidé de la jouer cool avec Patty pour ne
pas la braquer.

Nous avons mangé des spaghettis accommodés à l'italienne.
Pour éviter d'avoir à parler, nous avons allumé la télé. Je sais,
je sais, c'est nul de dîner devant l'écran... Mais, parfois, il faut
mettre ses principes de côté, non ?

Robinson a réclamé à manger et il a fallu le bercer pour
l'endormir. Patty n'a pas levé le petit doigt. C'est Luigi qui s'en est
occupé, jusqu'à ce qu'il se rendorme sur le canapé.

J'ai proposé à Luigi de passer la nuit dans votre chambre, mais il
a préféré rester dans le salon avec le bébé.

Je pose mon stylo. Robinson vient de pousser un petit cri dans
son sommeil. Je suis sûre qu'il doit faire des cauchemars. Il y
a de quoi. Dans *J'attends mon premier enfant*, ils disent qu'un
bébé a besoin de calme et de sérénité. C'est réussi !

À l'heure qu'il est, j'ignore si Patty et Luigi parviendront à se
parler. Il va bien falloir, pourtant. Vous ne pouvez pas savoir
comme vous nous manquez.

Nouvelle pause. Larmes en vue. Respire, Mado. Un, deux, trois.
Ne pas craquer tout de suite.

Tout à l'heure, quand j'ai fouillé dans le placard de l'entrée à
la recherche d'une couverture pour Luigi, j'ai retrouvé ce sac de
couchage, vous vous rappelez ? Le rouge, que vous emportiez
toujours pour le camping, à l'époque où nous n'avions pas la
maison d'Ardèche. Il est tellement usé !

Quand j'étais petite, j'aimais m'enrouler dedans, les jours où il
faisait froid dehors. Enfermée dans ma chambre, je m'inventais
des histoires d'Everest et de bivouac en altitude. Mes peluches
jouaient le rôle de la faune locale : je transformais mon lapin en

---

4 **siphonné** *pop* fou – 4 **tamponné** *pop* fou – 12 **braquer qn** *ici:* mettre qn en colère –
25 **la sérénité** la joie et le calme – 31 **fouiller** chercher nerveusement – 37 **un bivouac**
[bivwak] un campement en plein air

1 *yack et mon nounours en abominable homme des neiges. C'était*
si doux d'être une petite fille de six ans... Pourquoi faut-il que
l'on grandisse ?
Plic. Une larme vient de s'écraser sur la dernière ligne. Le papier
5 se gondole et l'encre bave. Alors, avant d'inonder toute la lettre,
je la plie et je la range sous mes livres.
Allez, Mado, tu as eu ta dose d'émotions pour la journée. Au lit.

---

1 **un yack** [jak] Yak – 1 **abominable** horrible, monstrueux – 5 **se gondoler** se déformer –
5 **baver** *ici:* couler

Chapitre 28

1 Le lendemain, je suis la première réveillée.

Dans le salon, je trouve Luigi étalé par terre, les bras en croix sur la moquette, profondément endormi aux pieds de Robinson qui commence à chouiner en se tortillant sur le canapé. Un
5 biberon à moitié vide est posé contre l'accoudoir, signe que la nuit a été agitée. Je n'ai rien entendu tellement mon sommeil était profond, noir et sans rêve.

Je m'approche de Robinson, le soulève et l'emporte vers la cuisine. Biberon propre, casserole, lait en poudre. Tandis que
10 l'eau chauffe, je me plante devant la fenêtre, avec la tête de Robinson calée contre mon épaule.

Dehors, un franc soleil matinal inonde la rue et fait étinceler les toits des voitures garées le long du trottoir. J'aperçois celle de Luigi. C'est sans doute la plus moche de toutes, mais c'est aussi
15 la plus vaillante !

– Regarde, Robinson, murmuré-je.

Je le prends sous les aisselles et le tourne vers la fenêtre en retenant de l'autre main le pan du rideau. Il a les yeux grands ouverts ; deux billes d'une couleur indéfinissable, entre le gris
20 et le bleu marine, posées sur le monde.

– Regarde… c'est la voiture de ton papa.

Robinson suit mes gestes du regard. La lumière qui pénètre de biais dans la cuisine se prend dans les plis du rideau.

– Ça te plaît, la lumière ? C'est joli ?

25 Je soulève le voile en coton, tandis que Robinson agite ses pieds et ses bras de façon désordonnée. Un rire léger me secoue les épaules. Pour Robinson, tout est neuf, tout est mystérieux ; il ne sait même pas qu'un rideau s'appelle « rideau », qu'une voiture s'appelle « voiture » et encore moins que les « voitures »
30 tombent parfois dans des trous qu'on nomme « ravins ». Il ne connaît encore rien de toutes ces choses qui nous entourent et auxquelles nous sommes tellement habitués une fois grands que nous n'y prêtons plus attention. Avec lui, j'ai l'impression que tout pourrait recommencer, qu'on pourrait repartir de zéro
35 en effaçant les événements désagréables.

– La *rue*, énoncé-je en articulant lentement. Tu vois, c'est *notre* rue. Il y a des *marronniers*, des *boutiques*, des *poteaux* avec des

---

2 **la croix** Kreuz – 3 **une moquette** un tapis qui couvre toute la surface d'une pièce – 4 **chouiner** se lamenter – 15 **vaillant** courageux – 22 **de biais** ≠ tout droit – 37 **un marronnier** Kastanienbaum – 37 **un poteau** Pfahl

fils de *téléphone*... Et puis, il y a des gens qui passent. Tu les vois ? Le monsieur qui promène son chien, là, tu le vois ? Et la dame qui remonte le volet en fer de son magasin ? C'est la *mercière*. Son magasin est une *mercerie*. Quand j'étais petite, j'y allais souvent avec ma maman pour acheter des fils de toutes les couleurs. Maman faisait des *canevas*. Je trouvais ça beau, les *canevas*. En réalité, je suppose que c'est un peu ringard, mais moi, j'aimais bien ça. Et là ? La petite fille qui fait du vélo sur le trottoir, tu l'as vu ? Toi aussi, un jour, tu apprendras à faire du *vélo*, hein ? Il faudra mettre un *casque*. Je te tiendrai pour ne pas que tu tombes, d'accord ?

Robinson est là, calme et attentif, contre moi. C'est la première fois que je ressens autant de calme depuis des mois et des mois, la première fois que je regarde la rue de cette façon, comme si Robinson me prêtait des yeux neufs pour regarder le monde. Le rideau tremble sous un léger courant d'air, le soleil s'est installé pour la journée et, dans mon dos, l'eau commence à frémir. À cet instant précis de mon existence, je n'ai besoin de rien d'autre. Je n'ai plus la sensation d'avoir un trou béant au milieu de la poitrine. À la place, il y a ce bébé. C'est tellement fort que je n'ose plus bouger, de peur de briser le charme.

Je veux voir ça, un jour : Robinson sur un vélo, Robinson sur un toboggan, Robinson qui court, Robinson qui rit, Robinson qui joue, Robinson qui grandit.

– Salut Mado, dit une voix rauque derrière moi.

Je me retourne. Patty entre dans la cuisine, les cheveux ébouriffés, mais le visage plutôt reposé.

– Tu pleures ? s'étonne-t-elle.

Je secoue la tête en croyant pouvoir nier l'évidence. Comment lui expliquer que, cette fois, ce n'est pas la tristesse qui nourrit mes larmes, mais une sorte d'émotion puissante, la sensation d'exister vraiment.

Patty s'approche et tend les bras vers Robinson.

– Je peux lui donner son biberon ?

– Bien sûr.

Pendant un long moment, nous ne disons plus rien. Robinson tète, je fais du café. Chaque seconde qui passe me semble fragile.

– C'est toi qui lui as donné ce prénom ? me demande Patty. Robinson... c'est bizarre.

---

4 **une mercière** une marchande qui vend tout ce dont on a besoin pour coudre – 7 **un canevas** Sackleinen zum Sticken – 7 **ringard** *ici :* démodé – 17 **frémir** *ici :* sieden – 19 **béant** grand ouvert – 28 **l'évidence** f la réalité

1 – Peut-être, dis-je en étalant du beurre sur une biscotte, mais tu
avoueras que tout est bizarre depuis qu'il est né, non ?
– Tout est bizarre depuis que papa et maman ne sont plus là,
rectifie ma sœur. Déjà qu'avant je savais pas trop où j'allais…
5 mais là, c'est pire.
Je hoche la tête, puis je souris :
– Au moins, on ne s'ennuie pas.
Patty sourit aussi. Mais, à ce moment-là, Luigi entre à son tour
dans la cuisine, et le visage de Patty s'assombrit. Elle détourne
10 la tête pour ne pas croiser son regard et je comprends tout de
suite que la récréation est terminée.
– Tiens, dit-elle en me remettant précipitamment Robinson
dans les bras.
Elle quitte la cuisine, tandis que Luigi pousse un gros soupir de
15 découragement.

Le reste de la journée ressemble à l'enfer. Chaque fois qu'ils se
croisent, Luigi et Patty s'engueulent. Ils crient, ils pleurent, ils
se détestent. Moi, au milieu de la tempête, je navigue comme
je peux : je m'occupe de Robinson, je console l'un, je console
20 l'autre… et je pleure à mon tour, enfermée dans ma chambre.
Pour finir, j'en ai tellement marre que je décide de quitter le
champ de bataille. Je sors, je m'enfuis au-dehors.
Je marche dans les rues, au hasard, pendant deux heures. Je
traverse la Seine dans un sens, puis dans l'autre. À un moment,
25 je tombe en arrêt devant un magasin de puériculture. J'entre
et, sans trop savoir ce que je fais, j'achète deux nouvelles
grenouillères, une paire de petits chaussons et un hochet avec
des grelots. Ça me défoule.
Sur le trajet du retour, je serre les paquets contre ma poitrine,
comme si ces petites choses avaient le pouvoir de me protéger
30 ou de contrer les coups du sort. Mais, arrivée devant l'immeuble,
je m'arrête. J'ai mal au pied, j'ai mal au cœur, partout. Je réalise
que ce n'est pas moi qui vais décider si oui ou non Robinson
restera à la maison. Le destin m'échappe. Alors, de colère, je
jette les paquets dans la poubelle de la cour.
35 Quand je rentre dans l'appartement, Luigi et Patty sont assis
dans le salon, face à face, les traits ravagés, muets. L'air est
lourd. Je passe devant eux, sans rien dire, et je me réfugie dans

---

9 **s'assombrir** devenir sombre – 25 **un magasin de puériculture** un magasin pour
enfants – 27 **un chausson** Babyschuh – 27 **un °hochet** Babyrassel – 28 **un grelot** une
petite boule de métal qui fait du bruit quand on la secoue – 28 **défouler** *fam* libérer –
36 **les traits** *mpl* **ravagés** être très fatigué

1 ma chambre.
Cinq minutes s'écoulent, puis Luigi vient cogner à ma porte. Il veut me parler. Je n'en ai pas tellement envie, mais je le laisse entrer quand même.

5 *18 août,*
Mes chers parents,
Ça y est, le miracle a eu lieu : Luigi et Patty se sont enfin parlé. Ils ont même réussi à prendre une décision. Pas sur l'adoption de Robinson, mais une décision quand même : ils ont pris rendez-
10 *vous avec l'assistante sociale. Elle viendra demain à la maison. Si j'ai bien compris, ils ne lui ont pas expliqué la situation par téléphone... Elle va tout découvrir en direct. J'espère qu'elle n'est pas cardiaque !*
Je mordille le capuchon de mon stylo.
15 À mon avis, demain, on va avoir droit à une sacrée leçon de morale et de droit civil ! D'après ce que j'ai lu dans *J'attends mon premier enfant*, il y a des tas de démarches administratives à effectuer juste après la naissance. Pour le moment, Robinson n'est inscrit nulle part, sur aucun registre. Il est une sorte de
20 fantôme. Un *enfantôme.*
Quand j'ai appris la nouvelle, je me suis sentie mieux. Enfin, nous allons avoir de l'aide ! Du coup, je suis redescendue en catastrophe chercher les paquets que j'avais jetés. La concierge traînait justement les poubelles sur le trottoir. Elle a dû me
25 *prendre pour une ahurie ! Les emballages étaient juste un peu tachés, mais tout était intact à l'intérieur.*
Tout à l'heure, j'ai secoué le hochet devant les yeux de Robinson et il a eu l'air content.
Je quitte mon bureau et je vais m'accouder à la fenêtre ouverte.
30 La nuit est douce, silencieuse. Dans l'immeuble d'en face, les fenêtres d'un appartement sont encore illuminées. Je devine des silhouettes qui passent derrière les voilages de la cuisine et du séjour. Que font ces gens ? Qui sont-ils ? Quel genre de soucis ont-ils dans la tête ? Pourquoi ne suis-je pas quelqu'un
35 d'autre ?
De nouveau, on frappe à la porte de ma chambre.
– Mado ? Tu dors ?
C'est Patty.
– Une minute ! dis-je en me précipitant vers mon bureau pour

---

13 cardiaque malade du cœur – **14 mordiller** → mordre – **14 un capuchon** *ici:* Kappe –
17 une démarche une activité qu'il faut entreprendre – **25 une ahurie** qn qui est bête –
32 les voilages *mpl* les rideaux

cacher ma correspondance illicite avec les morts, puis je lui permets d'entrer.

– Je n'arrive pas à dormir, se plaint-elle en s'affalant sur mon lit. C'est le bébé…

5 – Robinson, rectifié-je.

Elle se dresse sur un coude et fronce les sourcils d'un air buté.

– Le bébé. Moi, je l'appelle « le bébé ».

– Luigi…

– Ne me parle pas de Luigi.

10 – Bien, dis-je. Tu préfères parler chiffons ?

Patty serre les lèvres. Moi, je suis debout, les bras croisés, sur la défensive. Je m'aperçois que, depuis deux jours, Patty ne m'a adressé la parole que pour se plaindre de ceci ou pour me demander cela. À aucun moment, elle ne s'est inquiétée de

15 savoir comment j'allais.

– J'aimerais mieux parler chiffons, si tu veux le savoir, souffle-t-elle. Au moins, ça me reposerait.

– J'adore ta chemise de nuit, rétorqué-je sur un ton glacial.

Patty baisse les yeux. En manière de chemise de nuit, elle porte

20 un vieux tee-shirt à l'effigie d'un chanteur de heavy metal aux yeux injectés de sang, dont la tête est surmontée par deux serpents ouvrant leurs gueules sur des crocs menaçants. Pas étonnant que Robinson fasse des cauchemars !

– Tu me détestes, hein ? demande-t-elle.

25 – Je devrais ?

Le menton de Patty se met à trembler.

– Je suppose que oui, dit-elle d'une voix éraillée. Je n'ai rien fait de bien, jusqu'à présent.

Je souffle bruyamment pour signifier mon exaspération.

30 – Arrête, Pat. « Je suis nulle, je suis mauvaise, je suis bonne à rien »… C'est trop facile à la fin !

Elle reste figée sur mon lit, bouche ouverte, yeux humides.

– Tu parles comme Luigi, s'étrangle-t-elle. C'est une conspiration ou quoi ?

35 Elle se recroqueville sur mon lit, genoux sous le menton.

– Pendant que tu n'étais pas là, cet après-midi, le bébé a vomi. Ça m'a inquiétée alors j'ai fouillé dans tes affaires pour retrouver le bouquin. Je marque mon étonnement devant cette démarche parfaitement inhabituelle et je jette un coup d'œil

---

1 **illicite** défendu par la loi – 10 **parler chiffons** *fam* parler de vêtements, de mode, de choses sans importance – 20 **l'effigie** *f ici:* le portrait – 21 **injecté** rempli – 22 **un serpent** Schlange – 22 **un croc** [kʀo] Reißzahn – 27 **éraillé** heiser – 29 **bruyamment** en faisant du bruit – 33 **une conspiration** Verschwörung

1   vers mon bureau. *J'attends mon premier enfant* n'y est plus,
effectivement.
– Pour le vomi, je ne sais pas, reprend Patty, c'est passé tout
seul. En revanche, j'ai trouvé ça.
5   Elle ouvre sa paume. Dedans, il y a le papier où Sander a
griffonné son adresse et son numéro. Aïe. Je vois où Patty veut
en venir.
– J'ai téléphoné à Daan, m'avoue-t-elle.
– Ah.
10   – Je suis nulle en anglais, mais j'ai compris l'essentiel...
Re-aïe.
– Il ne veut pas me revoir, dit-elle dans un gros sanglot. Il m'aime
bien, mais...
Ça y est, c'est la fontaine. Malgré toute ma colère, toute ma
15   détermination à rester imperméable aux gémissements de
Patty, je sens que je suis prête à craquer, moi aussi.
– Ce n'était qu'un amour de vacances, Mado ! s'écrie-t-elle.
Et moi, j'ai trop rêvé ! J'ai cru que je pourrais partir ! Changer
de vie ! J'ai cru que Britt pourrait m'aider, j'ai cru que j'avais
20   trouvé une nouvelle famille ! Je nous ai imaginées, toi et moi, en
Hollande, avec le bébé, dans une belle maison, avec des tulipes !
J'ai cru que c'était possible !
En un rien de temps, les larmes m'inondent les yeux. Chaque
mot de Patty me transperce la poitrine. Moi aussi, j'ai cru tout
25   cela, l'espace d'un baiser et d'une nuit de danse entre les bras de
Sander. Moi aussi, j'ai eu envie de prendre Britt comme maman
d'adoption... Moi aussi, j'ai voulu des tulipes et des moulins à
vent.
Je m'assois sur le lit, près de Patty, et je lui entoure les épaules
30   très doucement.
– Je suis là, dis-je.
Le reste de ma colère fond comme neige au soleil. Nos têtes
se touchent, nos joues se touchent. Nos cœurs se touchent
certainement aussi. Je comprends, maintenant, pourquoi la
35   situation s'est brusquement débloquée : après ce coup de fil,
Patty a dû enfin réaliser qu'elle ne pouvait plus vivre dans ses
rêves et qu'il y avait une réalité à prendre en compte de toute
urgence. L'atterrissage a dû être douloureux.
Au bout d'un moment, nous finissons par nous apaiser. Patty
40   se mouche. Son tee-shirt est complètement trempé. Je rigole

---

14 **c'est la fontaine** elle pleure – 15 **imperméable** *ici:* qui ne se laisse pas impressionner –
15 **un gémissement** → gémir (stöhnen) – 38 **l'atterrissage** *m* → atterrir – 40 **se moucher**
se nettoyer le nez

1 nerveusement.

– Qu'est-ce qu'il y a de drôle ? demande Patty.

– J'imagine la tête de l'assistante sociale, demain, quand elle va découvrir Rob… enfin, « le bébé ».

5 Patty pousse un profond soupir.

– Luigi veut le garder, murmure-t-elle.

Je tressaille.

– Il m'a annoncé ça cet après-midi, continue Patty. Il refuse qu'il soit adopté. Il dit qu'il…

10 Elle s'interrompt.

– Qu'il quoi ? demandé-je.

De nouveau, les larmes.

– … il dit qu'il l'aime.

Je saisis les mains de Patty et les serre à lui briser les phalanges.

15 – Moi aussi, dis-je, j'aime Robinson. Et puis, j'aime bien Luigi. Il n'est pas crétin du tout.

– Je sais, convient Patty.

Nous nous allongeons sur le lit, côte à côte, épuisées. Un souffle d'air tiède pénètre dans la chambre par la fenêtre ouverte. Des
20 moustiques voltigent au plafond.

– Tiens… t'as dessiné sur le mur ? s'étonne Patty en remarquant pour la première fois mes deux bonshommes.

Je rougis et me réfugie dans un silence prudent. Je n'ai vraiment pas envie de lui expliquer le sens de ces graffitis.

25 – Je ne sais pas ce qui m'a pris, murmuré-je. Je les effacerai. Je collerai un poster dessus… Tu crois que je suis toquée, moi aussi ? Je veux dire, tu crois que je suis aussi timbrée que toi ? Que c'est une tare de famille ? Tu crois qu'on se ressemble plus que ce qu'on pense ? Hein ?

30 Quand je tourne la tête vers Patty, je m'aperçois qu'elle s'est endormie.

---

26 **toqué** *fam* fou – 27 **timbré** *fam* fou

Chapitre 29

12 octobre

1 Patty est assise sur le canapé, une jambe sous les fesses, l'autre posée sur la table basse. Un jour comme aujourd'hui, je me demande quelle couleur elle va choisir pour se vernir les ongles. Je l'observe, à moitié cachée derrière mon bouquin de
5 sciences-éco. Lundi, j'ai un contrôle sur le krach boursier de 1929. Il me reste la matinée pour réviser, mais j'ai un mal fou à me concentrer. Les chiffres et les graphiques dansent sous mes yeux. Tout ce que je comprends à ce fichu krach, c'est qu'il a emporté des millions de gens dans le cycle infernal de la misère
10 et que ça n'a pas empêché les plus puissants de s'enrichir sur leur dos. C'est exactement comme le Kaiser avec sa promesse de retour avant la chute des feuilles : ce sont toujours les petits soldats qui se font trouer la peau, tandis que les dirigeants restent à l'arrière, bien au chaud.
15 Patty s'empare du flacon de vernis noir et commence à peindre son gros orteil. Je grimace. Noir, évidemment.
Aujourd'hui, cela fait un an exactement que papa et maman sont morts. C'est leur anniversaire. Un anniversaire triste, épouvantable, sans bougie, sans gâteau, sans ballon de
20 baudruche.
Je pose mon bouquin à plat sur la table. Mon début d'année au lycée est un peu chaotique, il faut le reconnaître. Mes notes font les montagnes russes, descendent et montent selon l'humeur ou l'emploi du temps de mes week-ends. Justement, ce week-
25 end, c'est notre tour de garde. Tout à l'heure, Luigi va sonner à la porte pour nous déposer Robinson avec son armada de matériel de puériculture : siège-auto, baby-relax, jouets, trousse à pharmacie complète, boîtes de lait et paquets de couches.
Patty rebouche le vernis noir.
30 Je n'ose pas lui parler de la lettre. Ce n'est sans doute pas le moment et, pourtant, j'en meurs d'envie. Cette lettre, je l'ai reçue il y a trois jours et depuis je la garde dans la poche arrière de mon jean, comme un talisman. Ce n'est pas la première que je reçois de Sander, car nous nous sommes beaucoup
35 écrit depuis la fin des vacances, mais celle-ci est particulière.

---

5 **sciences-éco** *fpl* les sciences économiques – 5 **le krach** [kʀak] **boursier de 1929** Börsenkrach (Schwarzer Donnerstag) – 9 **infernal** [ɛ̃fɛʀnal] → l'enfer – 13 **se faire trouer la peau** *ici:* se faire tuer – 19 **un ballon de baudruche** Luftballon – 23 **les montagnes russes** *fpl* Achterbahn – 26 **une armada** un grand nombre de choses

1 Je choisirai mon moment, plus tard, quand l'atmosphère sera moins lourde.

Je regarde par la fenêtre les feuilles jaunies des marronniers. Il me semble que l'automne a débarqué sans prévenir, d'un
5 seul coup, avec ses bourrasques et ses averses de pluie froide. Depuis le 22 août, date à laquelle l'existence de Robinson est devenue officielle, j'ai l'impression que le temps s'est accéléré. L'assistante sociale est entrée dans la danse la première : tout d'abord sidérée par le récit que nous lui avons fait de notre été,
10 elle a ensuite pris les choses en main. Le juge des tutelles, la psychologue et toutes les administrations de France nous sont tombés sur le dos. Patty et Luigi ont dû remplir des centaines de formulaires, passer des heures dans les salles d'attente des médecins, des services sociaux et administratifs. Ils se sont usé la
15 langue à parler, à s'expliquer, à se mettre d'accord. Finalement, toute cette agitation a débouché sur un dernier entretien avec le juge des tutelles. Avec la famille Yazinsky, au moins, il ne s'ennuie pas.

– Mado ?
20 Je me détourne de la fenêtre et lève les yeux vers Patty.

– Tu révises la météo du jour ou quoi ? Je croyais que tu avais un contrôle d'éco…

Je hausse les épaules. Depuis la rentrée, Patty me surveille bien plus qu'auparavant. Ses nouvelles responsabilités de maman à
25 mi-temps ont déteint sur le rapport qu'elle entretient avec moi : elle vérifie mes devoirs, m'oblige à me coucher à 22 heures et elle participe même aux réunions parents-professeurs ! Quand je veux aller au cinéma avec Jeanne, je dois même lui dire quel film nous allons voir ! J'ai tendance à trouver qu'elle fait du zèle,
30 mais j'évite les disputes. Patty fait tellement d'efforts ! Et puis, si je veux lui parler de la lettre de Sander, j'ai intérêt à filer doux…

– Fais-moi réviser, proposé-je en me levant pour lui apporter mon livre. C'est la leçon 13.

Patty s'empare du bouquin.
35 Pendant dix minutes, elle me pose des questions, je réponds, elle me corrige, je recommence.

– Mouais, conclut-elle, tu as intérêt à revoir tout ça d'ici à lundi. Puis elle me rend le livre et débouche le flacon de vernis rose bonbon. Je reste assise près d'elle, fascinée par la dextérité avec

---

5 **une bourrasque** une tornade – 5 **une averse** une forte pluie – 10 **prendre les choses en main** *fam* s'occuper de qc – 12 **tomber sur le dos** *fam* arriver soudainement et être désagréable – 14 **s'user la langue** se fatiguer – 25 **déteint** → déteindre (avoir de l'influence sur) – 29 **le zèle** Eifer – 31 **filer doux** faire attention – 39 **la dextérité** l'habileté

₁ laquelle elle passe le petit pinceau sur ses ongles. L'alternance de noir et de rose promet un résultat du meilleur goût, comme d'habitude !

– Avec un peu de couleur, ce sera moins triste, non ? me ₅ demande-t-elle en sentant mon regard interloqué.

Je hoche la tête. Les pieds de Patty sont à l'image de cette journée, et de notre vie, à présent : moitié deuil, moitié layette. Ça fait un curieux mélange. Elle sourit :

– Tu sais quoi ? Luigi veut s'inscrire aux bébés-nageurs avec ₁₀ Robin !

– Ah ?

– Il m'a dit ça hier, au téléphone. Il voulait que je donne mon autorisation.

– Et ?

₁₅ – Pas encore décidé. Ça me fait peur, ce truc. J'ai vu un reportage à la télé : ils jettent les bébés dans la piscine et, après, les parents doivent les laisser se démener sous l'eau jusqu'à ce qu'ils remontent à la surface ! C'est dingue, non ?

– Je suppose qu'ils savent ce qu'ils font...

₂₀ Patty soupire.

– Robin n'a pas besoin d'apprendre à nager maintenant. Il est trop petit ! Moi, j'ai appris à nager quand j'avais six ans.

Je ramène mes genoux sous mon menton, pensive. Depuis que Patty a décidé de ne pas faire adopter Robinson, elle a cessé de ₂₅ l'appeler « le bébé ». En revanche, elle raccourcit son prénom en « Robin » ; c'est sa façon à elle de se démarquer.

– Tu te rappelles, dis-je, quand maman nous emmenait à la piscine ?

Patty opine d'un bref mouvement de tête. Je poursuis :

₃₀ – J'adorais ça. On jouait au dauphin sous l'eau et puis au monstre du Loch Ness... Après, je devais passer sous les jambes de maman et je faisais semblant de croire que c'était une grotte sous-marine. Papa ne venait pratiquement jamais avec nous... Tu crois qu'il n'aimait pas se mettre en maillot ?

₃₅ Patty a cessé de se vernir les ongles. Elle tourne vers moi un visage tremblant comme une flamme de bougie.

– Arrête de parler d'eux. Je n'ai pas besoin de souvenirs, Mado.

– Mais si, protesté-je. On a besoin de souvenirs. Il faudra qu'on se rappelle tout, chaque détail... Tu sais, je me suis aperçue

---

5 **interloqué** sans pouvoir s'exprimer – 7 **la layette** les vêtements de bébé – 17 **se démener** faire de son mieux pour réussir – 26 **se démarquer** prendre ses distances – 29 **opiner** être d'accord – 33 **sous-marin** sous la surface de l'eau

1 que leurs visages deviennent flous quand je pense à eux. C'est
comme si les contours disparaissaient à mesure que le temps
passe. J'ai peur de les oublier pour de bon.
– Arrête, Mado.
5 Je secoue la tête :
– Ils me manquent trop ! Je veux parler d'eux, je veux…
Je me lève d'un bond, avec un morceau de plomb dans la gorge,
et je me précipite vers la bibliothèque, là où sont entreposés les
albums. J'en saisis un, au hasard.
10 – Puisqu'on a décidé de ne pas aller au cimetière aujourd'hui,
je veux au moins regarder les photos ! C'est leur anniversaire,
quand même ! Il faut bien leur montrer qu'on pense à eux !
Patty fait un mouvement brusque. Son pied cogne les flacons
de vernis, qui se renversent sur la table basse.
15 – Et merde ! crie-t-elle.
Deux taches de couleur se répandent et se mêlent : du noir et
du rose bonbon pâteux. Je reste figée, l'album serré contre ma
poitrine.
– Va chercher une éponge ! hurle Patty, les yeux débordant de
20 larmes.
Je me précipite dans la cuisine. Lorsque je reviens avec l'éponge,
Patty est roulée en boule sur le canapé, le corps secoué de
spasmes violents. Je m'effondre devant la table, accablée de
chagrin.
25 – Excuse-moi, sangloté-je, excuse-moi…
Nous restons ainsi de longues minutes, à pleurer, à gémir, tandis
que l'éponge absorbe le vernis et que le poids du chagrin nous
écrase, méthodiquement, avec ses énormes semelles froides et
terrifiantes.
30 Et c'est à ce moment-là que Luigi sonne à la porte.
Nos sanglots s'arrêtent net. Patty me dévisage, catastrophée.
– J'y vais, dis-je en essuyant mes joues avec la manche de mon
pull.
Il me faut une énergie incroyable pour parvenir jusqu'à la porte,
35 pour tourner le verrou et pour ouvrir. Luigi, rayonnant, se tient
debout sur le palier, avec Robinson dans les bras. En voyant ma
tête ravagée, il se décompose.
– Oh, dit-il seulement.
Je ravale mes dernières larmes et, d'un signe de tête, l'invite à
40 entrer dans l'appartement. Du pied, Luigi pousse le gros sac en

---

17 **figé** sans bouger – 28 **les semelles** *fpl ici:* la lourdeur – 37 **se décomposer** changer
d'attitude

1   tissu et le baby-relax à l'intérieur. Dans les plis de son anorak, le
    visage rose de Robinson ressemble à une fleur toute fraîche. Je
    prends une grande goulée d'air et parviens même à lui sourire.
    – Bonjour, Pat… murmure Luigi en s'approchant du canapé.
5   Ma sœur n'est plus qu'un tas de chiffons, une poupée, une
    marionnette déglinguée qui roule des yeux perdus. Je viens
    poser mes mains sur ses épaules et je regarde Luigi :
    – On est le 12 octobre, dis-je en manière d'explication.
    Les gros sourcils de Luigi se rejoignent, se lèvent sur son
10 front, puis retombent de chaque côté de ses yeux. Il vient de
    comprendre. À côté de Patty, les flacons renversés, l'éponge et
    l'album de photos témoignent de notre bouleversement.
    – Tu veux qu'on… Tu veux qu'on s'arrange autrement pour
    aujourd'hui ? demande Luigi à Patty. Je peux garder Robinson,
15 si tu préfères.
    – Non, non ! s'écrie Patty. Passe-le-moi !
    Elle tend les bras vers son fils, avec brusquerie et tendresse.
    Jamais je ne l'ai vue faire ce geste de cette façon. Luigi
    déboutonne l'anorak de Robinson, lui ôte son bonnet et le
20 dépose doucement sur la poitrine de sa mère. Aussitôt, Patty se
    remet à pleurer.
    – Je veux qu'il reste, hoquette-t-elle. Je veux…
    Luigi me jette un regard paniqué.
    – On va y arriver, lui dis-je. C'est ma faute. J'ai voulu regarder
25 des photos, mais…
    Je contourne la table basse, ramasse l'album et retourne le
    placer dans la bibliothèque avec précipitation, comme si l'objet
    me brûlait les doigts. Sur le canapé, Patty parvient à calmer ses
    sanglots. Elle caresse la tête de Robinson.
30 – Il a changé, finit-elle par dire.
    – Tu trouves ? s'étonne Luigi. En deux jours ?
    Patty fait signe que oui. La dernière fois que nous l'avons eu à la
    maison, c'était mercredi. À bien le regarder, je suis certaine, moi
    aussi, qu'il avait moins de cheveux.
35 – Il a un peu toussé cette nuit, explique Luigi. Je me demande
    s'il ne s'est pas enrhumé.
    – J'en parlerai au docteur, promet Patty. On a rendez-vous cet
    après-midi.
    Luigi semble rassuré.
40 – Je vais descendre chercher le siège-auto, alors. Je remonte tout

---

3 **prendre une grande goulée d'air** *fam* respirer profondément – 6 **déglingué** *fam ici:* en
total désordre moral – 35 **tousser** husten – 36 **être enrhumé** Schnupfen haben

1 de suite.

Il quitte l'appartement et je m'assois sur le canapé, tout près de Patty et de Robinson.

– Ça va ? murmuré-je.

5 – Oui, souffle Patty.

Nous gardons le silence un moment. J'ai la curieuse impression de flotter dans les airs. Souvent, après une grosse crise de larmes, j'éprouve ce sentiment d'apesanteur, comme si j'avais pris une drogue. Dans les bras de sa mère, Robinson paraît calme. Il ouvre
10 ses yeux ronds sur le plafond. Voilà : la famille Yazinsky au grand complet tient sur un canapé trois places. C'est vraiment terrible de réaliser une chose pareille. Mais, en même temps, c'est beau. Terriblement beau. Comme une aventure qui commence, un générique de film, une page blanche au début d'un livre. « Il
15 était une fois, trois Yazinsky, trois petits orphelins, qui partaient en voyage à bord d'un canapé… » Je souris. Il faudra que j'écrive cette histoire, un jour.

Soudain, Robinson ouvre la bouche, grimace et éternue. Patty sursaute. Elle se met à rire.

20 – Tu as vu ? me dit-elle. Il est mignon quand il éternue !

Je ris aussi. « …qui partaient en voyage sur un canapé, un jour de grand vent qui les faisait éternuer. » Oui, ce serait bien d'écrire cette histoire. J'ai presque envie de m'enfermer dans ma chambre pour la commencer tout de suite.

– Voilà, déclare soudain Luigi en déposant le siège-auto dans
25 l'entrée. Tout est là.

Il revient se planter face à nous.

– Vous êtes sûres que ça va aller ?

– Oui, répond Patty. Ne t'inquiète pas.

– Robinson a bu son dernier biberon à 9 heures, précise-t-il. Il
30 ne va pas tarder à avoir faim.

– D'accord, sourit Patty. D'ailleurs, moi aussi, j'ai un peu faim.

– Bon, ben, je m'en vais, dit Luigi en remontant le col de son blouson.

Patty se lève, en faisant attention à bien maintenir Robinson
35 contre elle. J'ai remarqué qu'elle avait pris l'habitude de le porter, de le promener, de lui faire faire ses rots. Elle n'est plus du tout la Patty gauche et maladroite du début. Elle se tourne vers moi :

– Tu as prévu quoi, pour midi ?

---

14 **un générique de film** Vorspann – 18 **éternuer** niesen – 36 **faire un rot** ein Bäuerchen machen

1 – Une quiche au saumon, dis-je. Je l'ai préparée hier soir, il n'y a
plus qu'à la réchauffer.
Patty regarde Luigi avec sérieux :
– Ça te dirait de la partager avec nous ?
5 Surpris, Luigi ne sait que répondre. Ces derniers temps, entre
ma sœur et lui, c'était plutôt glacial. Il n'est plus habitué à
l'entendre parler gentiment.
– On est le 12 octobre, insiste Patty. Aujourd'hui, plus il y a de
monde, mieux c'est. Tu es d'accord, Mado ?
10 Je hoche la tête.
– Alors, avec plaisir, sourit Luigi.
Patty a l'air soulagée qu'il accepte. Elle fait un signe de tête en
direction de la salle à manger :
– Je propose qu'on mette une nappe sur la grande table et qu'on
15 sorte les verres à pied. Il doit rester quelques bouteilles de vin à
la cave. Papa faisait toujours des réserves.
Je la regarde, interloquée.
– C'est un anniversaire, oui ou non ? me demande Patty.

12 octobre, le soir
20 *Mes chers parents,*
Pour la dernière fois, je vous écris pour vous donner quelques
nouvelles du monde des vivants… Après cette lettre, je compte me
mettre à écrire des histoires. Elles seront à la fois pour vous et puis
pour d'autres. Pour Robinson, par exemple, quand il sera en âge
25 *de les écouter. Mais pour ce soir, voilà : je voulais vous souhaiter*
un bon anniversaire. Désormais, tous les 12 octobre, Patty et
moi ferons un bon déjeuner, avec Luigi et Robinson, comme
aujourd'hui. Avec du vin (du cidre pour moi !), des bougies, de la
musique. C'est une promesse que nous nous sommes faite et nous
30 *tiendrons parole.*
J'espère que là où vous êtes, c'est-à-dire nulle part et partout,
vous allez bien. Vous ne devez avoir ni chaud, ni froid, ni mal.
C'est déjà un avantage par rapport à nous. Car, voyez-vous,
même Robinson sait ce que c'est que d'avoir mal… Aujourd'hui,
35 *pendant la visite médicale, il a eu droit à un vaccin ! Le pauvre !*
Patty a été très courageuse : elle qui d'habitude ne supporte
pas la vue d'une aiguille, elle est restée près de lui, à le tenir. Le
docteur dit que Robinson est une vraie merveille. Il mange bien,
prend des forces, il est vif et calme à fois. Quand j'entends tous

---

4 **ça te dirait** tu veux bien – 35 **un vaccin** [vaksɛ̃] Impfstoff

ces compliments, je ne peux pas m'empêcher de me sentir fière...
Après tout, c'est moi qui l'ai mis au monde, non ?
Je voudrais que vous soyez fiers de moi, vous aussi.
Vous connaissant, je devine que vous n'attendez qu'une chose :
que nous soyons heureuses, Patty et moi, malgré tout. Ce n'est pas
facile, mais je crois que nous pouvons essayer. Robinson est une
première pierre de ce bonheur, j'en suis certaine. Pour le moment,
il dort dans la chambre voisine, avec Pat, tandis que je vous écris.
Dehors, il y a du vent. La pluie cingle ma fenêtre. Je me sens à
l'abri, bien protégée.

Pour mon bonheur à moi, il y a la lettre de Sander. Je n'ai pas
encore trouvé le moment pour en parler à Patty, mais je vais vous
dire ce qu'elle contient : une invitation. Comme je vous l'ai déjà
écrit, Sander et moi sommes restés en contact. Je suis sur un petit
nuage chaque fois que j'entends sa voix au téléphone ou qu'une
lettre arrive dans la boîte. Et puis, grâce à lui, je fais des progrès
formidables en anglais ! L'amour, c'est pratique, non ?
Bref, Sander me propose de venir passer les vacances de la
Toussaint chez lui, à Amsterdam. Britt est d'accord, à condition
que Patty m'autorise à venir. J'ai peur de lui en parler... Même si
elle ne pense plus tellement à Daan, je me doute que ça risque de
la blesser. Et puis, j'ai peur de la laisser une semaine entière. Elle
devra s'occuper de Robinson toute seule... Qu'en pensez-vous ?

Je lève le nez vers le mur. Les deux bonshommes sont toujours
là, immobiles et compréhensifs. Je tente de deviner ce qui se
cache sous leurs crânes de papier, pour obtenir une réponse.
Les vacances commencent dans une dizaine de jours. Je
m'imagine déjà monter dans le train, retrouver Sander à la gare,
le serrer dans mes bras... Je frissonne. Ai-je le droit de réclamer
ce bonheur-là, un bonheur rien qu'à moi, égoïste et léger ?

Après les vacances, il est prévu que Patty reprenne son travail au
restaurant. Grâce à l'assistante sociale, elle a eu droit à un congé
maternité, mais les bonnes choses ont une fin, n'est-ce pas ? La
mairie nous a inscrits sur la liste prioritaire pour obtenir une
place en crèche. Ce sera une sacrée nouveauté, ça aussi ! Luigi
et Patty continueront à se partager les semaines, comme des
parents divorcés. Même s'ils n'ont jamais été mariés, et même
s'ils ne vivront jamais ensemble, je pense qu'ils peuvent réussir à
devenir de bons parents pour Robinson.

---

9 **cingler** frapper fort – 19 **la Toussaint** fête religieuse catholique du 1ᵉʳ novembre (Allerheiligen) – 32 **le congé maternité** la période avant et après la naissance pendant laquelle la femme ne travaille pas – 34 **la mairie** Rathaus – 34 **prioritaire** de première importance – 35 **la crèche** le lieu où sont gardés les enfants de 0 à 3 ans pendant que les parents travaillent

*Luigi est vraiment quelqu'un de bien. Je pense que vous l'auriez
aimé.*

Nouvelle pause. Sur ma table de nuit, le réveil marque 00 h 23.
Mes yeux picotent, je tombe de sommeil. Et dire que je vais être
réveillée par les pleurs de Robinson aux alentours de 6 heures
demain matin ! Il faut tenir une super-forme pour faire face aux
réclamations des bébés !

*Voilà, je vais terminer cette lettre. Puisque c'est la dernière, il faut
que vous sachiez une chose : je vous aime pour l'éternité et je vous
remercie de m'avoir donné la vie. C'est encore une des choses que
j'ai apprise, ces derniers temps : même si on en bave, ça vaut le
coup. Pour Robinson qui fera du vélo avec un casque rouge, pour
Patty qui est la personne la plus géniale et la plus surprenante de
la terre, pour Luigi... pour Sander.*

Merci.

Votre Mado.

---

4 **picoter** piquer légèrement, irriter – 11 **on en bave** *fam ici:* c'est très difficile – 11 **ça vaut
le coup** *fam* es lohnt sich

Épilogue

23 octobre, gare du Nord

1 En montant dans le T.G.V., je me dis que les choses rentrent
enfin dans l'ordre. C'est moi, moi, Mado Yazinsky qui pars en
laissant sur le quai Patty, Luigi et Robinson. Je me libère de ce
poids que j'avais sur les épaules. Ce n'est pas si facile, quand on
5 est de nature à s'inquiéter pour tout, mais je vais apprendre à
respirer et à faire des choses légères.

Je hisse mon sac de voyage dans le logement, au-dessus du
siège, puis je me faufile jusqu'à la fenêtre. J'y colle mon nez.
Sur le quai, Patty me fait signe. Je secoue la tête en voyant
10 sa dégaine : avec ses talons ultra-compensés, son tee-shirt
moulant au-dessus du nombril (où scintille enfin le piercing
de ses rêves !) et son gilet jusqu'aux genoux, elle ne ressemble
toujours pas aux clichés de *J'attends mon premier enfant*. Mais
il y a ce sourire sur ses lèvres… ce sourire qui semble dire qu'elle
15 a de nouveau confiance dans la vie.

Le train démarre. Au revoir, à bientôt ! N'oubliez pas de
donner ses suppositoires à Robinson ! N'oubliez pas de revenir
m'attendre à mon retour !

Je me tourne et je regarde droit devant, dans le sens de la
20 marche. Cette fois-ci, c'est la bonne. Le train ne fera pas demi-
tour et il faudrait vraiment un cataclysme pour m'empêcher de
passer cette fichue frontière !

Mon cœur bat à se rompre dans ma poitrine. J'ai bientôt seize
ans, toute ma vie à bâtir, des histoires à inventer, un amour qui
25 m'attend au pays des moulins à vent.

---

1 **le T.G.V.** le Train à Grande Vitesse – 8 **se faufiler** se faire un passage – 10 **la dégaine** *fam*
l'aspect extérieur – 10 **des talons** *mpl* **ultra-compensés** sehr hohe Plateau-Sohlen – 12 **un
gilet** Stickjacke – 17 **un suppositoire** Zäpfchen – 21 **un cataclysme** une catastrophe

Photo : Sophie Elmosnino

Biographie

Anne-Laure Bondoux est née le 23 avril 1971 en région parisienne où elle vit aujourd'hui avec ses deux enfants. Elle a suivi des études de Lettres Modernes à Nanterre. Parallèlement à ses études, elle a monté des ateliers d'écriture pour enfants en difficulté lesquels ont reçu le prix Fondation de France. Après avoir fait du théâtre, elle a rejoint en 1996 la rédaction de « J'aime lire » à Bayard Presse, puis a participé au lancement du nouveau magazine « Maximum ». Elle a cessé ses activités de journaliste en 2000 pour se consacrer exclusivement à l'écriture. « Le destin de Linus Hoppe » est son premier roman à destination du public adolescent. Elle est l'auteur d'une trilogie « Le peuple des rats » et de plusieurs ouvrages pour enfants. Elle écrit également pour le théâtre et la chanson. Son dernier roman publié chez Bayard s'intitule « Pépites ».

Liste des abréviations

≠	antonyme de
→	mot de la même famille
°	h aspiré, pas de liaison
'	h aspiré, pas de liaison
enfantin	langage enfantin
etw	etwas
f	féminin
fam	familier
fpl	féminin pluriel
indic	indicatif
iron	ironique
jdm	jemandem
jdn	jemanden
litt	littéraire
m	masculin
mpl	masculin pluriel
péj	péjoratif
pop	populaire
qc	quelque chose
qn	quelqu'un
subj	subjonctif
verlan	argot, langage qui inverse les syllabes
vulg	vulgaire
vx	emploi vieilli